Karl Liebrich / Helga Schubert

Auf den Schwingen der Bewegung und Phantasie

Übungen und Spiele zum Aufbau einer gezielten Lernhaltung in der Grundschulklasse

Auer Verlag GmbH

Gedruckt auf umweltbewußt gefertigtem, chlorfrei gebleichtem
und alterungsbeständigem Papier.

4. Auflage. 2002
© by Auer Verlag GmbH, Donauwörth
Alle Rechte vorbehalten
Fotos: Karl Liebrich, Helga Schubert
Gesamtherstellung: Ludwig Auer GmbH, Donauwörth
ISBN 3-403-02375-3

Inhalt

Vorwort

Das vorliegende Hand- und Kursbuch mit etwa 150 Spiel- und Übungsanleitungen ist aus der Realisation im Schulalltag und durch die Präsentation und Diskussion in der regionalen Lehrerfortbildung beim Staatlichen Schulamt im Landkreis Mühldorf am Inn gewachsen.

Unser Ziel ist es, den KollegInnen ein klar strukturiertes, erprobtes und effektives Repertoire an Interventionsmöglichkeiten an die Hand zu geben, das aggressive Kinder harmonisiert, unaufmerksame fokussiert und hyperaktive stabilisiert.

Das Interventionsprogramm umfaßt Anspannungs- und Entspannungsübungen, Übungen zum bewußten Atmen und zur bewußten Körperwahrnehmung, Bewegungsmuster zur Verbesserung der Körperwahrnehmung, Körperorientierung und allgemeinen Körperkontrolle, psychomotorische, graphomotorische und konzentrative Übungen, pantomimische Realisationen und Kommunikationsspiele.

Dr. Karl Liebrich   *Helga Schubert*

Ich lobe den Tanz.
Er befreit den Menschen von der Schwere der Dinge,
bindet den Vereinzelten zur Gemeinschaft.
Ich lobe den Tanz,
der alles fordert und fördert,
Gesundheit und klaren Geist
und eine beschwingte Seele.

Tanz ist Verwandlung
des Raumes, der Zeit, des Menschen,
der dauernd in Gefahr ist,
zu zerfallen, ganz Hirn,
Wille oder Gefühl zu werden.
Der Tanz dagegen fördert den ganzen Menschen,
der in seiner Mitte verankert ist,
der nicht besessen ist
von der Begehrlichkeit
nach Menschen und Dingen
und von der Dämonie
der Verlassenheit im eigenen Ich.

Der Tanz fordert
den befreiten, den schwingenden Menschen
im Gleichschritt aller Kräfte.

Ich lobe den Tanz,
oh Mensch, lerne tanzen,
sonst wissen die Engel im Himmel mit dir
nichts anzufangen.

Augustinus

1. Einführung

Gegen eine Reihe von kindlichen Auffälligkeiten war für den Frankfurter Irrenarzt Heinrich Hoffmann-Donner literarische Abschreckung die Wunderessenz. Er schrieb und zeichnete unter dem Pseudonym Reimerich Kinderlieb vor etwa 150 Jahren seine „Lustigen Geschichten und drolligen Bilder mit 15 schön kolorierten Tafeln für Kinder von 3–6 Jahren".

Damit wollte er schon den Kleinsten die „conséquences désastreuses" von Ungehorsam vor Augen führen.

Es hat fast 150 Jahre gedauert, bis Pädagogen, Psychologen, Soziologen und Mediziner erkannten, daß der „Zappelphilipp" eine pädagogische, kinderpsychologische, gesellschaftliche und medizinische Herausforderung ist.

Vielfältige und fundierte wissenschaftliche Untersuchungen ermöglichen derzeit eine angemessene Synopse ehemals kontroverser Hypothesen über Ursachen und Interventionsmöglichkeiten und eine Limitierung des Leidensweges der betroffenen Familien, der Lehrer, des sozialen Umfeldes und der Täter-Opfer selbst, unter ihnen mehr Buben als Mädchen.

Der Münchner Kinder- und Jugendpsychiater Joest Martinius beschreibt „Unruhige Kinder" als „. . . sehr viele und sehr viele verschiedene, mit fließenden Übergängen, die zwischen ‚gesund' und ‚nicht gesund' anzusiedeln sind".

Der Fachbegriff medizinisch-psychologischer Nomenklatur hyperkinetisches Syndrom faßt und etikettiert nur einen Teil des betroffenen Kindes, nicht aber seine anderen Fähigkeiten und Eigenschaften. Daraus postulieren wir eine ganzheitliche Sichtweise des Erscheinungsbildes hyperaktiver Kinder.

Allerdings zeigen alle betroffenen Kinder einige Kernsymptome auf: motorische Unruhe, Impulsivität mit spontanen Aktionen, ohne die Konsequenzen ins Kalkül zu ziehen, Störung der Aufmerksamkeit im Sinne angemessener Fokussierung und Fixierung von Wahrnehmungsinhalten und letztendlich eine leichte Erregbarkeit im Gefühlsbereich mit extremen Schwankungen von himmelhoch jauchzend bis zu Tode betrübt.

Möglicherweise gesellen sich zu den aufgeführten Kernsymptomen verschiedene andere Smptome.

Da Unruhe zum menschlichen Dasein gehört und als Zeichen von Lebendigkeit gewertet werden kann, ist eine Attribuierung und Etikettierung unter folgender Prämisse aussagekräftig und induziert resümierend mögliche, breitangelegte Interventionsmaßnahmen:

Gestört unruhige Kinder zeigen eine Verhaltensunruhe, die aus einer Aufmerksamkeitsstörung resultiert. Es gelingt ihnen nicht, ihr Verhalten auf eine bestimmte Sache zu konzentrieren und dies eine gewisse Zeit lang durchzuhalten. Die Schule mit ihren Anpassungszwängen, ohne Realisationsmöglichkeit, eigene Interessen wahrzunehmen, Beschäftigungen selbst zu wählen oder Phantasie und Kreativität zu beflügeln, ist der Testraum sichtbarer, möglichst häufig zu demonstrierender Aufmerksamkeitsleistung.

Hier wird auch ein Verhalten erwartet, das die Unterscheidung zwischen wesentlichen und unwesentlichen Dingen ermöglicht. Daneben kann beim Schreiben ein unruhiges Schriftbild mit fehlender Richtungskonstanz und Nichteinhalten der Zeilen auf eine Verhaltensabnormität im Sinne einer Impulsivität im feinmotorischen Bereich hinweisen.

Da das hyperkinetische Syndrom in der Präsentation von Unruhe, Aggression, Unaufmerksamkeit und Steuerungslosigkeit verschiedene Ursachen haben kann, ist eine umfassende, breitangelegte, ganzheitliche Behandlung erforderlich: Als Rahmenbedingungen gelten Regelmäßigkeit im Tagesablauf der betroffenen Kinder, das Erlernen altersgemäßer lebenspraktischer Fähigkeiten und die Einübung sozialer Regeln.

Im Sinne einer curricularen Feinabstimmung werden daraus die klientzentrierten Interventionsmaßnahmen abgeleitet und festgelegt. Gleichwertig und im Kontext erfolgt die Analyse und Förderung der besonderen Fähigkeiten der betroffenen Kinder.

Moderne Suggestionsverfahren tragen die in diesem Übungsbuch angebotenen Übungen und Spiele.

Die Ressourcen der rechten, leider allzu oft vernachlässigten Gehirnhemisphäre werden mobilisiert, um den Lernprozeß ganzheitlich zu formen. Der zu unserem Leben gehörende stetige Wechsel von Anspannung und Entspannung im Lernprozeß wird berücksichtigt mit den dargebotenen Anspannungs- und Entspannungsübungen.

Zur Desuggerierung und Befreiung von lernhemmenden Einflüssen sowie zum Aufbau positiver Lernsuggestionen haben wir neurolinguistische Programme als Verfahren der Phantasiereisen und Visualisierungsübungen etabliert.

Die Vermittlung von grundlegenden Körpererfahrungen erreichen wir über die Sinnesschulung wie über die Erfahrung basaler Körpervorgänge wie Atmung und Bewegung, Herz-Kreislauf-System, Kräfte und Geschwindigkeit oder Rhythmik und Bewegung.

Therapeutische Körpererfahrung imponiert mit Inhalten wie Akrobatik, Jonglieren und Clownerien, die einen spielerischen kreativen Umgang mit dem Körper lehren, in der Darstellung des Körpers durch Pantomime und Gefühlsausdruck, die ein hohes Maß an Sensibilität für die eigene Bewegung verlangen und die Kreativität und soziale Kompetenz der Kinder fördern, und in Tanzimprovisationen nach Bewegungsgeschichten. Tanzimprovisationen führen über den eigenen Körperrhythmus, über den Bewegungsfluß und die Wahrnehmung der inneren Befindlichkeit zu eigenem kindlichem freiem Tanzausdruck, wobei Musik ein hilfreiches Medium darstellt. Jede spontane Bewegung des Kindes wird akzeptiert, losgelöst von Leistungsdruck und Wertung.

Bewegungsmeditationen tragen durch das meditative Erleben der Bewegung dazu bei, über die entstandene Schärfung der Sinne und die Entfaltung der eigenen Energie eine Bewußtseinssteigerung für innere und äußere Prozesse herbeizuführen. Inhalte für Bewegungsmeditationen verraten uns die östlichen Bewegungs- und Kampfkünste, wie etwa das Judo.

Traumreisen führen zu Ruhe, Gelassenheit und Selbstvertrauen bei unruhigen und steuerungslosen Kindern. Sie können sich mit Märchenfiguren identifizieren, die typischen Konflikte von Sozialisations- und Reifungsprozessen bewältigen – Märchen machen Mut!

Traumreisen stellen die erstrebte Distanz zum Alltag und seinen Problemen her, manchmal sogar den unabdingbaren Schutzraum zur Findung des seelischen Gleichgewichts und zur Bewältigung der Wirklichkeit.

Eine Reise auf dem fliegenden Teppich läßt die Konturen der Wirklichkeit verschwinden, nur die Sonne spendet die den Körper wohlig durchströmende Wärme mit dem Gefühl von Glück, Geborgenheit und tiefer Gelassenheit

Traditionen und Techniken der Ruhe, der Meditation, des Träumens sind wichtige Kompensationsfelder für alle Kinder unseres Kulturkreises, da sie einer Flut von Außenreizen und Leistungsanforderungen ausgesetzt werden.

Die theoretisierende und deskriptive Fundierung der in diesem Praxisbuch aufgeführten Übungen, Realisationen und Spiele verfolgt einerseits das Ziel, psychoprophylaktisch und kompensatorisch zu wirken, in Umgebungskonstellationen von Desorganisation, Durcheinander, Zeitdruck und emotionalem Druck, von Versagen und Neigung zu Perfektionismus.

Andererseits eröffnet sich mit der Realisation und praktischen Umsetzung unserer „Therapiearrangements" der Schule die Chance, gesellschaftlich formulierten Zerrbildern von „gesunden Kindern in einer krankmachenden Schule" die sarkastische Spitze zu nehmen. Die Schule verstärkt nicht das hyperkinetische Syndrom, sie internalisiert und behandelt es.

Ratschläge zur Durchführung der vorgeschlagenen Übungen

Die Kinder sollten wenigstens einmal am Unterrichtsvormittag Gelegenheit dazu erhalten, sich zu entspannen, sich schöpferisch auszudrücken, sich zu sammeln und ihre Phantasie reisen zu lassen. Je nach Tageszeit und Unterrichtssituation wird sich die Zielsetzung einzelner Übungen unterscheiden. Die vielseitige Verwendbarkeit der Übungen, die Art der Durchführung, die besondere Klassen- und Schulsituation, nicht zuletzt die Persönlichkeit des Lehrers, lassen eine starre Einteilung nicht zu.

Entspannungs-, Atem-, Konzentrations- und Bewegungsübungen eignen sich zum Tages- oder Stundenbeginn, wenn Konzentration, Sammlung, Aufmerksamkeit, Wachheit und Aufgeschlossenheit für Neues gefordert sind.

Übungen zur Bewußtmachung von Gefühlen,

Phantasiereisen, Übungen zur Sinneswahrnehmung und kurze entspannende Spiele werden dann eingesetzt, wenn sich Unkonzentriertheit, Interesselosigkeit und Unruhe oder Aggressivität auszubreiten drohen. Ihr Ziel sind Energieaufbau, Neufokussierung der Aufmerksamkeit und Ausformung von Kontaktfähigkeit.

Zum Stunden- oder Unterrichtsende schließlich, wenn Rückbesinnung, Gemeinschaftsgefühl und Abschiednehmen im Vordergrund stehen, sind meditative Übungen hilfreich.

Durch regelmäßige Anwendung der beschriebenen Interventionsmaßnahmen zur psychophysischen Regulation erreichen auch hyperaktive Kinder einen Spannungszustand, der sie ausgeglichener, konzentrationsfähiger und aufmerksamer werden läßt.

Es dauert jedoch einige Zeit, bis sich alle Klassenmitglieder an diese neue Form der harmonischen Ruhefindung gewöhnt haben. Kinder sind aufgeschlossen und offen, wenn es darum geht, Neues auszuprobieren, zumal die Aussicht auf leichteres Lernen äußerst verlockend erscheint. Das Erlebnis der Ruhe ist häufig eine wahre Sensation, doch um es genießen zu können, muß es erst vorbereitet werden.

Stilleübungen sind anfangs immer nur kurz. Die Kinder verlieren schneller ihre Scheu und fühlen sich unbeobachtet, wenn sie zunächst ihren Kopf mit geschlossenen Augen auf die Bank legen können. Sie müssen weit genug voneinander entfernt sitzen, damit sie sich nicht berühren können.

Kein Kind darf gezwungen werden mitzumachen, aber es muß lernen, die anderen, die sich entspannen wollen, zu akzeptieren.

Man sollte ihnen erlauben, sich während der Stilleübung anderweitig leise zu beschäftigen oder einfach zuzuschauen.

Oft schließen sich diese Kinder dann aus eigenem Entschluß an. Während der Übungen gibt es kein Sprechen oder Flüstern … Verlegenes Kichern verlieren sie schnell, wenn man nicht darauf eingeht. Bei hyperaktiven Kindern wirkt es sich oft schon beruhigend aus, wenn der Lehrer eine Hand auf ihren Rücken legt oder den Rücken sanft massiert. Können sie den Körperkontakt nicht ertragen, genügt es, die Hand an ihren Hinterkopf zu halten. Auch dies hat eine beruhigende Wirkung, die die Kinder „unter der Hand" ruhiger werden läßt.

Manchmal bringt es einem hyperaktiven Kind mehr, wenn es die Übungen im Liegen machen kann – das Sitzen lenkt zu sehr ab. Störenfriede dürfen im Nebenraum warten und ein anderes Mal innerhalb einer kleineren Gruppe die Wirkungen von Stilleübungen erleben und deren Auswirkungen, nämlich Streßverringerung, Steigerung der Aufmerksamkeitsleistung und Gedächtnisleistungsverbesserung.

Es dauert nur ein paar Wochen, bis die Klassenmitglieder mit den Entspannungstechniken vertraut sind. Bald freuen sich die Kinder auf ihre „besonderen Pausen", ja sie verlangen sogar danach!

Neben der Formung neuer Verhaltensweisen bei unruhigen, hyperaktiven, aggressiven und steuerungslosen Kindern durch die vorgeschlagenen Übungen und Spiele erreicht der Lehrer selbst psychohygienisches Wohlbefinden durch konzentrative Übungen während des Unterrichts:

auf bewußte Bauchatmung achten:
mehrmals tief und kräftig durchatmen

Konzentration auf Muskel- und Gelenkbewegungen:
langsam durch das Klaßzimmer gehen und dabei darauf achten, wie die Füße vom Boden abrollen – beim Schreiben an die Wandtafel die Kreide und die Schreibbewegung bewußt spüren

Körperempfindungen wahrnehmen:
sich ab und zu hinsetzen und das Sitzen spüren

Konzentration auf Spannungszustände im Körper:
bei drohendem Ärger auf Körpersignale achten – vor ausbrechender Explosion leise bis zehn zählen oder tief durchatmen – innere Gelassenheit bewahren durch Visualisierung von Bildern der Ruhe und Harmonie – eigene Gefühle und Empfindungen aussprechen – Fehlverhaltensweisen nicht als persönlichen Angriff werten, sondern den universellen Leidensdruck des Kindes zu erkennen versuchen

Muskelentspannung und Anspannung:
Fäuste ballen und wieder entspannen

Positives Denken:
Verständnis und Ermutigung ausstrahlen
an die positive Entwicklung des Kindes glauben
hinter den vielfältigen Formen des gestörten Sozialverhaltens das Bedürfnis nach Liebe, Anerkennung und Zuwendung herausfiltern.

2. Anspannungs- und Entspannungsübungen

Alle Entspannungstechniken, ob westliche oder östliche Methoden, haben eine ihrer wichtigsten Grundlagen in der Überlegung, daß die körperliche Verfassung in direktem Zusammenhang mit dem Muskeltonus steht. Gezielte Übungen zur Herabsetzung der muskulären Verkrampfung bewirken eine affektiv-emotionale Entspannung.

Ein großer Teil unserer Schüler befindet sich in einem ständigen Erregungs- und Spannungszustand. Je mehr wir sie im Unterricht zur Ruhe zwingen, desto unruhiger werden sie. Auf das „Stillsitzen" müssen sie oft so viel Energie verwenden, daß ihnen zum konzentrierten Lernen nur wenig davon übrig bleibt. Dazu wird ihre Erregung durch die Anwesenheit anderer noch vergrößert. Solchen Schülern muß zunächst einmal die Möglichkeit gegeben werden, ihre Unruhe und Erregung abzubauen, ohne gänzlich die Kontrolle darüber zu verlieren.

Gleichzeitig sollen aber auch gehemmte Klassenkameraden Mut bekommen, sich aktiv in die Gemeinschaft zu integrieren.

Die nachfolgenden praktischen Beispiele zur Therapie im Unterricht beeinflussen die Gesamtentwicklung des Kindes.

Sie haben psychomotorische, sensomotorische und persönlichkeitsstabilisierende Merkmale, können unterrichtsintegrativ angewendet werden und wirken obendrein noch aufmerksamkeits- und konzentrationsfördernd.

Die meisten Grundschüler, die durch ihre motorische Unruhe und die damit verbundene Konzentrationsschwäche auffallen, benötigen zunächst eine Stimulation im Basisbereich. Dazu gehören Grunderfahrungen der allgemeinen Körper- und Bewegungskontrolle, damit Gleichgewichtsempfindungen, Tiefenwahrnehmung und Berührungsempfindungen adäquat verarbeitet werden können.

Körperspannungs- und Gleichgewichtsübungen wechseln mit Aufgaben im Laufen und Springen. Kinder mit einer Überempfindlichkeit im taktilen Abwehrsystem werden durch Körperkontaktübungen desensibilisiert, d.h., ihre Angst vor Körperkontakt wird abgebaut.

Es empfiehlt sich, im Rahmen des Unterrichts Entspannungsphasen, deren Ziel ein ausgeglichener Spannungszustand ist, von zunächst fünf bis zehn Minuten in einzelne Stunden zu integrieren.

Der Wechsel von Ruhe und Bewegung, Konzentration und körperlicher Anstrengung trägt zur Bereitschaft bei, sich auf anfangs ungewohnte Übungen einzulassen.

Der Musik kommt dabei eine zentrale Bedeutung zu. Rhythmus, Ton, Klang und Lautstärke, richtig ausgewählt, erleichtern die Entspannung, füllen die auf Kinder oft befreiend wirkende Stille im Raum und wirken eventuell aufkommenden Albernheiten entgegen.

Da Atmung und Pulsschlag sich innerhalb bestimmter Grenzen dem Rhythmus anpassen, eignen sich vor allem Musikstücke, die keine Spannungen verursachen.

Allein durch die „Tonmassage" entkrampft der Organismus. Langsame, meditative Musik oder auch langsame Sätze aus Werken von Bach, Händel, Mozart, Telemann und Vivaldi senken den Pulsschlag, ebenso wie ruhiges, gleichmäßiges Sprechen des Lehrers den Herzschlag reguliert und die Schüler in einen ruhigen, entspannten Bewußtseinszustand versetzt.

2.1 Spiel- und Übungsanregungen zur Einführung von Entspannungsübungen

Die folgenden Beispiele sollen in spielerischer Weise das Erfahren von Körperspannung und -entspannung einführen.

Sie helfen nicht nur, den eigenen Körper besser kennenzulernen, sondern sie entkrampfen, bauen Unruhe und Erregung ab und konzentrieren die Aufmerksamkeit. Phantasiebilder, die die kindliche Vorstellungswelt ansprechen, regen zu spannenden und zugleich entspannenden Spielen an.

2.1.1 Ballon aufpumpen

Jeder sucht sich einen Partner. – Ein Kind stellt den Luftballon dar, es setzt sich im Schneidersitz

auf den Boden. – Der Oberkörper ist locker nach vorne gebeugt. – Das andere Kind steht dahinter und pumpt mit einem Blasebalg Luft in den Ballon. – Bei jedem Pumpstoß, der von einem kräftigen „sch" begleitet wird, richtet sich der Ballon mehr und mehr auf. – Er wird praller und praller, bis zuletzt die Spannung sogar in den Fingerspitzen zu spüren ist: Halte diese aufrechte Stellung einen Augenblick ein. – Vergiß dabei das Atmen nicht. – Ich zähle bis fünf, – eins, zwei, drei, vier, fünf – nun laß die Luft langsam ab. – Die Spannung weicht aus den Fingerspitzen, – den Armen, – dem Nacken, – den Schultern, – dem Rücken. – Jetzt sinkt der Luftballon schlaff in sich zusammen (entspannte Haltung).

Der Spannungsabbau wird vom Partner durch zischendes Ausatmen begleitet.

2.1.2 Schwimmkrokodil

Sucht euch einen Partner. – Einer legt sich mit dem Rücken auf den Boden, – er ist das Krokodil, das sich mit Luft füllt: Bei jedem Atemzug spannst du deinen Körper mehr und mehr an. – Spanne deine Arme, – deine Beine, – deine Fingerspitzen, – deine Fußspitzen, – dein Bauch wird dicker und dicker. – Halte die Spannung einen Augenblick, – der Partner prüft inzwischen durch Hochheben eines Armes oder Beines, ob das Krokodil prall mit Luft gefüllt ist. – Nun laß die Luft langsam entweichen und spüre, wie du lockerer und lockerer wirst, bis alle Spannung abgebaut ist. Der Partner kontrolliert wieder durch Hochheben der Glieder, ob noch Luft im Krokodil ist.

Er begleitet den Spannungsauf- bzw. Spannungsabbau durch entsprechende Handbewegungen (beide Handflächen nach oben heben bzw. nach unten sinken lassen).

2.1.3 Gummipuppe

Die Kinder stehen in aufrechter Haltung, die Arme über den Kopf gestreckt (genügend Abstand zu den Schulmöbeln und Klassenkameraden halten – Verletzungsgefahr):

Deine Finger werden ganz schwer, – sie fallen in die Handfläche. – Deine Hände werden schwer, – die Handgelenke fallen nach unten. – Deine Arme werden schwer, – laß sie auf die Schultern fallen. – Der Kopf wird schwer, ganz schwer, – laß ihn locker hängen. Die Schultern und die Arme werden schwer, – sie ziehen den Oberkörper nach vorne und hängen ganz locker. – Spürst du, wie dein Körper nach unten gezogen wird. – Und jetzt fällt die Gummipuppe zusammen.

Diese Übung macht den Kindern großen Spaß, sie freuen sich über mehrere Wiederholungen.

2.1.4 Gummiband

Die Kinder stehen in aufrechter Haltung oder liegen in Rückenlage auf dem Boden, die Arme jeweils eng an den Körper angelegt:

Stell dir vor, an deinen Beinen und Armen sind Gummibänder befestigt, die ich nacheinander in verschiedenen Richtungen dehnen werde. – Ich ziehe jetzt an deinem rechten Arm. – Halte die Spannung bis in die Fingerspitzen, vergiß aber das Atmen nicht – eins, zwei, drei, vier, fünf – und locker lassen. – Den Arm wieder langsam an den Körper legen. – Jetzt ziehe ich an deinem linken Bein, – halte die Spannung bis in die Zehenspitzen. – Vergiß das Atmen nicht – und locker lassen. – Das Bein wieder langsam an das andere heranziehen. – Jetzt ziehe ich an beiden Armen – usw.

2.1.5 Igel

Stell dir vor, du bist ein Igel, der über die Fahrbahn läuft. – Gehe auf allen Vieren, – du schaffst den Weg über die Straße, kriechst unter einem Gartenzaun hindurch und ruhst dich im Gras aus. – Knie dich dazu hin, und laß deinen Kopf locker hängen. – Spürst du, wie sehr er dich nach unten zieht? – Da kommt ein neugieriger Hund und stupst dich an (der L. berührt jedes einzelne Kind). – Erschrocken rollst du dich ganz klein zusammen. – Spürst du, wie deine Glieder eng am Körper liegen? – Spanne alle Muskeln an, – atme dabei ruhig weiter. – Jetzt ist die Gefahr vorbei, – du entspannst deinen Körper und rollst dich langsam auf.

2.1.6 Rollender Baumstamm

Je drei Kinder finden sich zusammen, eines legt sich ausgestreckt in Bauchlage auf den Boden – es stellt einen Baumstamm dar. – Der Kopf ruht mit dem Gesicht nach unten auf dem Boden, Glieder und Muskeln werden locker gelassen, und der Körper wird so gut wie möglich entspannt:

Spürst du den Druck, mit dem dein Körper auf dem Fußboden liegt? – Spürst du das Gewicht deines Kopfes? – Deiner Arme? – Deiner Beine?

Die zwei anderen Kinder sollen nun den Baumstamm zum „Lager" rollen. Sie knien beide auf einer Seite des Stammes. Das liegende Kind macht sich „steif wie ein Baumstamm", indem es alle Muskelgruppen anspannt, und wird von den „Waldarbeitern" weggerollt.
Variation:
Über schiefe Ebenen, die mit großen Schaumstoffmatten zusammengestellt werden, rollen die Baumstämme ohne fremde Hilfe.

2.1.7 Zauberer im Schloß

Die Kinder sitzen im Kreis (auf Stühlen oder auf dem Boden), ohne sich zu bewegen. In der Mitte des Kreises geht ein Zauberer herum. Sobald sich ein Kind bewegt, holt es der Zauberer zu sich in sein Schloß, es ist nun sein Gehilfe. Nach einiger Zeit des Umherschleichens wird der Zauberer müde. Er legt sich mit seinen Gehilfen in die Kreismitte, nimmt seinen Zauberstab in die Hand und ruht sich aus. Nun dürfen sich alle Kinder bewegen, eventuell auch herumlaufen. Doch sie müssen aufpassen, denn wenn der Zauberer seinen Stab fallen läßt, springt er mit seinen Gehilfen auf, um sich Kinder in sein Schloß zu holen. Die einzige Rettung ist, möglichst schnell bewegungslos auf dem Platz zu sitzen.

2.1.8 Samenkorn

Stell dir vor, du bist ein kleines Samenkorn, das im Boden liegt. Roll dich so klein wie möglich zusammen. Du beginnst nun langsam zu wachsen und wirst bei jedem Einatmen größer und größer. Steh auf, – streck dich der Sonne entgegen. – Nun wird die Pflanze welk, – bei jedem Ausatmen fällt sie langsam in sich zusammen, bis sie schlapp auf dem Boden liegt.

2.1.9 Ochs am Berg (altes Kinderspiel)

Auch dieses Spiel, das meist in der Turnhalle durchgeführt wird, eignet sich zum Abbau von Bewegungsunruhe durchaus für das Klassenzimmer, wenn die Kinder in zwei oder drei kleinere Gruppen eingeteilt werden.
Ein Kind, der Ochs, steht mit dem Gesicht zur Wand. Die anderen Kinder befinden sich auf der gegenüberliegenden Seite.
Der Ochs ruft: „Ochs am Berg, 1, 2, 3" und dreht sich blitzschnell zur Gruppe hin. Während er spricht und zur Wand schaut, dürfen die anderen Kinder so weit wie möglich nach vorne gehen. Sobald sich der Ochs aber schlagartig umgedreht hat, müssen alle unbeweglich stehenbleiben. Wer bei einer Bewegung erwischt wurde, muß zur Ausgangslinie zurück. Derjenige, der zuerst die Wand berührt hat, darf die Rolle des Ochsen am Berg übernehmen.

2.1.10 Versteinern

Die Kinder bewegen sich zu einem bestimmten Rhythmus oder zur Musik frei im Raum. Sobald das Geräusch verstummt, müssen alle wie „versteinert" stehenbleiben. Erst wenn die Musik wieder einsetzt, dürfen sie die Körperspannung lösen.

2.1.11 Vorform einer konzentrativen Selbstentspannung: „Mäuse"

Stellt euch vor, ihr seid kleine Mäuse, die vor ihrem Mauseloch herumkrabbeln und genüßlich Getreidekörner knabbern. (Die Kinder spielen die Szene pantomimisch – im Hintergrund spielt ruhige Musik). – Da, auf einmal ein lautes Miau, die Katze kommt!

Der Lehrer als Katze versucht, die eine oder andere Maus zu erwischen. Die Mäuse ihrerseits haben es eilig, schnell in ihr sicheres Mäusenest (Zimmermitte) zu entkommen, und legen sich erschöpft auf den Boden.

Rückt nun so weit auseinander, daß ihr euch gegenseitig nicht berührt. – Die Arme locker neben den Körper legen, die Beine ausstrecken, – die Fußspitzen fallen nach außen, – die Augen sind geschlossen.

Ruheübung:
Die Mäuse haben sich von dem Schrecken erholt und sind ganz ruhig.
Alle Mäuse wollen schlafen, fest schlafen.
Der rechte Arm ist ganz locker.
Der linke Arm ist ganz locker.
Beide Arme sind ganz locker.
Das rechte Bein ist ganz ruhig und locker.
Das linke Bein ist ganz ruhig und locker.
Beide Beine sind ganz ruhig und locker.
Dein ganzer Körper ist ruhig und locker.
Du bist ruhig und entspannt.
Du fühlst dich wohl.

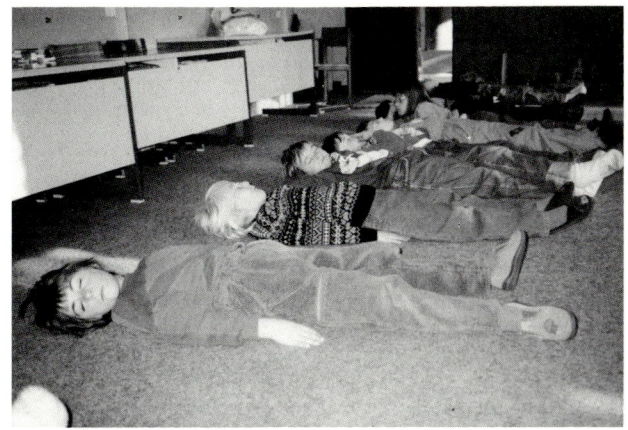

Leg deine Mausepfötchen auf den Bauch unterhalb des Nabels, und fühle, wie sich dein Bauch beim Einatmen hebt und beim Ausatmen senkt. Wir atmen gemeinsam ein – und aus (mehrmals wiederholen).
Wenn die Uhr jetzt sechsmal geschlagen hat, dehnt und streckt ihr euch ganz fest. – Eins, zwei, drei, vier, fünf, sechs (Tamburin), – und jetzt macht die Augen auf, und setzt euch langsam auf.

Es folgt eine kurze Aussprache:
– Wie fühlst du dich jetzt?
– Hast du deinen Atem gespürt?
– Hast du gespürt, wie dein Körper locker geworden ist?
– Hast du die Spannung in deinem Körper gespürt, als die Katze kam?

Schon nach zwei, drei Versuchen führt diese Form der Entspannung bei den Kindern zum vollen Erfolg.
Die Kinder wirken nicht nur äußerlich ruhiger, es macht ihnen auch Spaß, über ihre Körperempfindungen zu erzählen.

3. Wege zur inneren Ausgeglichenheit durch bewußtes Atmen

Gertraud Schottenloher beginnt die Therapiesitzungen zur inneren Ausgeglichenheit durch bewußtes Atmen mit der Erklärung, „daß jeder Mensch in seinem Bauch ein unsichtbares Reich hat, das die Quelle von Glück und Frieden ist. Die meisten Menschen haben vergessen, wo der Eingang zu diesem Reich ist, oder sie haben den Schlüssel verloren". (Schottenloher, 1989[2], S. 53). Über bewußtes Atmen, tief und langsam in den Bauch, im Wechsel schnellen und langsamen Atemrhythmus, wird der Atem und damit das Konzentrationsverhalten bei unruhigen und aggressiven Kindern vertieft. Die innere Wahrnehmungsfähigkeit wird durch die emotionale Visualisierung des Bauchraumes und anschließende Realisation der Phantasiereise in den Bauch durch Malen oder Zeichnen geschult.

3.1 Bauchatmung (Konzentration auf den Bauchbereich)

Viele unserer Kinder sind sogenannte „Brustatmer". Beim Einatmen hebt sich die Brust, beim Ausatmen senkt sich die Brust. Dabei wird aber nur ein kleiner Teil der Lungenbläschen mit Sauerstoff versorgt. Die Folgen sind innere Unruhe, Verspannung, Unausgeglichenheit, Konzentrationsschwäche, Kurzatmigkeit und mangelnde Leistungskraft.

Das systematische Einüben der richtigen Atemtechnik, des Bauchatmens, ermöglicht es den Kindern, innerhalb kürzester Zeit ruhiger und ausgeglichener zu werden, Verspannungen zu lösen, neue Kraft und Energie zu tanken und somit die Konzentrationsfähigkeit zu steigern.

Setz oder leg dich bequem hin. – Schließe die Augen. Deine Hände liegen auf dem Bauch. – Atme ruhig durch die Nase ein, – der Bauch hebt sich, – die Brust darf sich nicht heben. – Nur in den Bauch atmen, – durch die Nase ausatmen. Beim Ausatmen fällt der Bauch zusammen, die Brust verändert sich nicht. – Ganz ruhig einat-

men, – konzentriere dich beim Einatmen darauf, daß sich die Hände heben. – Beim Ausatmen senken sich die Hände. Einatmen – und ausatmen, – ganz ruhig einatmen – und ausatmen. – Beim Einatmen hebt sich der Bauch, – beim Ausatmen senkt sich der Bauch. – Konzentriere dich auf die Bauchatmung, – fühle, wie angenehm diese Atmung ist, – fühle, wie du immer entspannter und ruhiger wirst.
Nun atme tief ein – und tief aus, – und nochmals tief ein – und tief aus. – Öffne die Augen, – jetzt bist du ruhig und entspannt!

Diese ungewohnte Atemtechnik strengt die Kinder anfangs sehr an. Bei täglicher Übung jedoch wird sie schnell automatisiert. Die Zeit, die dafür aufgewendet werden muß, kommt doppelt und dreifach zurück, denn schon nach wenigen Trainingsphasen zeigen die Kinder mehr Ausgeglichenheit, innere Ruhe und Konzentrationsfähigkeit.

3.2 Nasenatmung (Konzentration auf den Nasenbereich)

Wir setzen uns in gerader Haltung hin, schließen die Augen und stellen uns vor, unter einer kalten Dusche zu stehen. – Wir atmen schnell dreimal durch die Nase ein, und während ich bis 5 zähle, atmen wir durch den Mund wieder aus.

3.3 Kranichschnabelatmung

Wir suchen uns einen sicheren Stand, die Füße sind hüftbreit auseinandergestellt. – Die Knie ganz locker lassen, – die Hände stemmen wir in die Hüften. – Nun legen wir den Kopf in den Nacken, beugen uns langsam weit nach vorne und tauchen unseren langen Schnabel ins Wasser. – Dabei atmen wir ein. – Beim Ausatmen ziehen wir unseren langen Schnabel an den Körper zurück.

3.4 Kranichschwingenatmung

Wir stellen uns mit beiden Füßen fest auf den Boden. – Beim Einatmen lassen wir unsere Arme seitlich hochschweben, wie die Flügel eines Kranichs, – bis sie hoch über dem Kopf sind. – Die Flügelspitzen berühren sich. – Beim Ausatmen schwingen unsere Flügel in einem weiten Kreis nach unten bis zu den Beinen, wir lassen dabei das Rauschen der Flügel hören: schschsch.

3.5 Der Tiger geht um

Wir stehen mit beiden Füßen fest auf dem Boden, – strecken unsere Arme mit leicht gebeugten Ellbogen nach vorne, spreizen die Finger zu Krallen und halten eine Spannung wie eine Raubkatze. Während wir langsam mit dem Körper von einer Seite zur anderen rotieren, blicken wir starr auf unsere Hände. Bei der Drehung nach rechts atmen wir ein, und bei der Drehung nach links atmen wir aus. – Wir versuchen, gemeinsam zu atmen, – beim Ausatmen können wir ein drohendes Knurren oder Fauchen hören lassen.

3.6 Kreiseldrehen

Wer hat schon einmal beim Eiskunstlauf gesehen, wie Pirouetten gedreht werden? Ja, der Schwung zum Drehen wird mit den Armen geholt. Wir strecken unsere Arme seitlich und atmen dabei tief ein. – Beim Ausatmen schlingen wir die Arme über Kreuz um den Oberkörper.

3.7 Atemsingen

Wir stellen uns im Kreis und fassen uns an den Händen. – Nun holen wir alle gleichzeitig tief Luft, dabei schwingen unsere Arme nach oben. – Beim Ausatmen lassen wir die Arme fallen und singen den Vokal a, bis alle Luft verbraucht ist.

Bei den nächsten Übungen atmen wir auf die Vokale e, i, o und u aus.

3.8 Atmen mit visualisierten Bildern

Wir sitzen in gerader Haltung auf dem Stuhl, – schließen die Augen und stellen uns vor zu schaukeln. – Beim Vorwärtsschaukeln atmen wir ein, – beim Zurückschaukeln atmen wir aus. – Unser Atem geht wie die Schaukel hin und her, ein und aus.

3.9 Holzhacken

Wir stehen mit gegrätschten Beinen, die Knie sind locker. – Beim Einatmen heben wir das Beil hoch über den Kopf und lassen es beim Ausatmen zwischen die gegrätschten Beine schwingen. – Wir atmen gemeinsam Hau-ruck.

3.10 Honigsammeln

Wir sind Bienen und fliegen summend herum. – Wenn unser Summatem verbraucht ist, setzen wir uns auf eine Blüte nieder. – Versuchen wir gemeinsam, tief einzuatmen und loszufliegen.

3.11 Flackerndes Feuer

Wir knien und sitzen auf den Fersen. Mit dem Oberkörper kauern wir auf dem Boden. Die Glut ist fast erloschen.
Da kommt ein Windstoß: Wir atmen kräftig ein, richten den Oberkörper auf und heben dabei die Arme nach oben.
Die Flamme züngelt hoch hinauf. Beim Ausatmen lassen wir uns wieder nach unten sinken.

3.12 Erfrorene Hände

Stell dir vor, deine Hände sind vom Schneeballspielen eiskalt geworden. – Atme durch die Nase ein, und hauche die warme Luft durch den Mund in deine Hände.

3.13 Knurrhähnchen

Atme tief in deinen Bauch. – Halte die Luft einen Augenblick an, – nun fletsche deine Zähne, und stoße die Luft laut fauchend zwischen den Zähnen hindurch. – Dein Blick wendet sich drohend nach allen Seiten.

3.14 Atem-Wettspiele

Kirschkernspucken

Die Kinder stellen sich hinter eine markierte Linie, atmen mit geschlossenem Mund tief durch die Nase ein und spucken ihren Kirschkern mit voller Kraft aus. Wer trifft am weitesten?
Es ist unbedingt darauf hinzuweisen, daß der Mund beim Einatmen geschlossen bleiben muß, da sonst durch eventuelles Inhalieren des Kerns Erstickungsgefahr droht!

Watteball-Rallye

Mehrere Schulbänke werden als lange Straße hintereinander aufgestellt. Je zwei Kinder stehen sich an den Tischkanten gegenüber, ihren Watteball vor sich an der Startlinie.
Auf ein Zeichen hin beginnt das Wettblasen: Jeder versucht, seinen Watteball möglichst schnell ans andere Ende über die Startlinie des Gegners zu pusten.
Fällt der Wattebausch auf den Boden, muß zum Start zurückgegangen werden.

Kerzen auspusten

Mehrere Kerzen werden in gleichmäßigen Abständen auf einen Tisch gestellt.
Vor jeder Kerze steht ein Kind, etwa einen halben Meter vom Tisch entfernt, und versucht sie auszublasen.
Bei den nächsten Durchgängen wird die Entfernung zur brennenden Kerze jeweils um ein Stückchen vergrößert, indem die Kinder einen Schritt zurückgehen.
Wer kann die Kerze noch ausblasen?
Kinder, die das Auspusten nicht geschafft haben, müssen ausscheiden.
Wer hat am meisten Luft in seiner Lunge?

4. Bewußte Körperwahrnehmung

Durch Bewegungsspiele mit immer wechselnden Phantasiedarstellungen gewinnen die Kinder auf lustvolle Weise ein umfassendes Körperbewußtsein.

Die Aufmerksamkeit wird dabei auf einzelne Körperteile bzw. Muskelabschnitte gelenkt und das Entstehen einer „Körperlandkarte" gefördert, d. h., die Kinder erleben das dreidimensionale Koordinatensystem vom eigenen Körper aus:

Der Kopf ist oben, die Füße sind unten, die Arme rechts und links, der Bauch ist vorn und der Rükken hinten.

Zugleich wird ihnen bewußt, daß sie bei bestimmten Übungen ihren Körper durch Gewichtsverlagerung ausbalancieren können.

Das Gefühl für Balance hat positiven Einfluß auf die psychische Haltung. Die Redensart „Aus dem Gleichgewicht kommen" verdeutlicht den Zusammenhang zwischen körperlicher und seelischer Verfassung. Auch beim hyperaktiven Kind trägt das Bewußtwerden der eigenen Körperhaltung und das Erleben des Körperausdrucks zum Aufbau eines gesunden Haltungsgefühls bei, das sich gleichermaßen gut auf seine psychischen Empfindungen und Stimmungen auswirkt.

4.1 Elefantenrüssel schwingen

Stell dich gerade hin, mit seitlich herabhängenden Armen. – Deine Beine sind leicht gegrätscht, – deine Knie leicht gebeugt. – Spüre, wie deine Hände herabhängen. – Zeigen deine Handrücken nach vorne oder zur Seite? – Nun stell dir vor, du bist ein Elefant, die Arme sind der Rüssel. – Beuge deinen Oberkörper nach vorne, und laß deinen Rüssel von einer Seite zur anderen schwingen. – Versuche das Gewicht deiner herunterbaumelnden, schwingenden Hände und Arme zu spüren. – Versuche das Drehen der Wirbelsäule zu spüren. – Achte darauf, wie sich dein Gewicht beim Drehen verlagert. – Achte darauf, wie das ganze Gewicht auf dem rechten Fuß liegt, wenn du nach rechts schwingst, und wie sich gleichzeitig der linke Fuß hebt. – Achte darauf,

wie es ist, wenn du nach links schwingst. – Spürst du, wie sich dein Kopf dreht? – Der Rüssel schwingt langsam aus.

4.2 Stehaufmännchen (Partnerübung)

Wer kennt die kleinen Spielzeugmännchen, die sich, wenn sie umgeschubst werden, immer wieder aufrichten?

Genau so sollt ihr euer Gleichgewicht wiederfinden, wenn ihr hinabgedrückt werdet, ganz gleich, ob es wörtlich gemeint ist oder im übertragenen Sinn.

Sucht euch einen Partner. Einer setzt sich mit gekreuzten Beinen auf den Boden, der Rücken ist gerade, die Hände umfassen locker die Knie. – Versuche nun zu spüren, wie dein Körper den Fußboden berührt. – Auf welchem Körperteil lastet das größte Gewicht?

Das stehende Kind stößt jetzt in rhythmischen Abständen das „Stehaufmännchen" vorsichtig zwischen den Schultern nach vorne. – Es schwingt in die Ausgangslage zurück, während es noch leicht hin- und herpendelt und schließlich ruhig und entspannt mit erhobenem Kopf sitzen bleibt.

Versuche die Schwere in deinen Beinen zu spüren. – Versuche deine elastische Wirbelsäule zu spüren. – Spürst du, wie sich dein Oberkörper entspannt? – Spürst du das Halsgelenk, das deinen Kopf fallen läßt und wieder aufrichtet?

Nun achte auf deinen Atem. – Atme langsam und tief in deinen Bauch, in deinen Schwerpunkt. – Merkst du, wie locker du wieder ins Gleichgewicht kommst? – Genieße dieses Gefühl, daß dich nichts umwerfen kann. – Erinnere dich daran, wenn du einmal wieder aus dem Gleichgewicht geworfen wirst (vgl. Vopel, 1991[2]).

4.3 Bäume im Wind

Du bist ein großer, kräftiger Baum. – Stell dich gerade hin, die Füße hüftbreit auseinanderge-

stellt, die Fußspitzen zeigen nach vorn, such dir einen festen Stand. – Stell dir vor, daß du tief in der Erde verwurzelt bist. – Hebe deine Arme seitlich an, strecke sie nach oben, und forme mit ihnen eine weite Baumkrone. – Atme tief in deinen Bauch, in dein Kraftzentrum, das jetzt den starken Baumstamm darstellt. – Spüre, wie du kräftiger und kräftiger wirst. – Nun bewegt sich der Baum im Wind. – Verlagere dein Gewicht von einem Fuß auf den anderen, doch laß dabei die Füße fest auf dem Boden. – Der Oberkörper neigt sich von einer Seite zur anderen, – spürst du das leichte Ziehen in der Körperseite? – Der Wind wird stärker, – es stürmt.
Sanfte und heftige Windgeräusche begleiten diese Bewegungsmeditation.

Variation:

Versuche auf einem Bein das Gleichgewicht zu halten, die Fußspitze des freien Beines berührt den Standfuß oder den Boden.

Schwierigkeitssteigerung:

Die Fußsohle des freien Beines liegt an der Innenseite des Standbeinoberschenkels.

4.4 Kreisel

Der Lehrer setzt einen Spielzeugkreisel in Bewegung. Die Kinder verfolgen mit den Augen seine Drehbewegungen, bis er umfällt.

Nun seid ihr solch ein Kreisel. – Verteilt euch im Raum, so daß ihr euch gegenseitig nicht behindert. – Streckt die Arme seitwärts aus, und dreht euch langsam um eure eigene Achse. – Wer will, schließt die Augen. – Versucht, die Schrittbewegung der Füße zu spüren. – Spürt ihr den sanften Luftzug auf den Handrücken? – Spürt ihr den Schwindel im Kopf? – Nun laßt euch langsam austrudeln, und sinkt auf den Boden, wo ihr einen Moment regungslos liegen bleibt.

Variationen:

Ruhige Hintergrundmusik, deren Lautstärke langsam abnimmt, bis der Kreisel umfällt.
Auf glattem Boden kann die Drehbewegung um die eigene Achse auch im Sitzen oder Liegen (Bauchlage) ausgeführt werden: Die Kinder stoßen sich ab und lassen sich austrudeln (vgl. Vopel, 1989[4]).

4.5 Wasserträger

Stehen oder gehen mit einem Buch oder einem anderen Gegenstand auf dem Kopf nach meditativer Musik.

Spüre, wie sich deine Fußsohlen beim Gehen abrollen. Spüre deine Knie, – deine Hüftgelenke. – Welcher Arm geht mit welchem Fuß nach vorne? – Spürst du, wie du deinen Oberkörper aufrecht hältst? – Spürst du, wie du deinen Kopf gerade hältst? – Spüre das Gewicht auf deinem Kopf, – atme ruhig und gleichmäßig tief in deinen Bauch.

4.6 Krafttanken (Konzentration auf Körperpunkte oder -teile)

Setz dich bequem auf deinen Stuhl, – die Beine leicht gespreizt. – Lege deine Hände auf die Oberschenkel, – entspanne deinen Oberkörper. – Dein Kopf ist nach vorn geneigt. – Schließe die Augen, und stelle dir vor, du bist ein Kutscher, der sich auf seinem Kutschbock ausruht. – Versuche zu spüren, wo dein Körper die Sitzfläche des Stuhles berührt. – Spüre dein Gewicht. – Spürst du, wie dich Kopf und Schultern nach unten ziehen? – Konzentriere dich jetzt auf deine Füße, – spanne die Muskeln in deinen Füßen an, – eins, zwei, drei, vier, fünf. – Beim Ausatmen entspanne deine Fußmuskeln wieder.
Nun spanne deine Beinmuskeln an, – halte die Spannung, bis ich bis 5 gezählt habe, eins, zwei, drei, vier, fünf. – Laß beim Ausatmen die Spannung in deinen Beinen wieder los.
Spanne deine Rückenmuskeln an, eins, zwei, drei, vier, fünf. – Nun laß die Spannung wieder los.
Konzentriere dich jetzt auf deine Arme und deinen Oberkörper: Balle deine Hände zu Fäusten, winkle deine Arme an den Oberkörper, und ziehe deinen Kopf zwischen die Schultern ein. – Nun spanne deine Muskeln in den Fäusten beginnend, über Unter- und Oberarm, bis in die Schulter- und Halsmuskeln, – eins, zwei, drei, vier, fünf. – Entspanne dich wieder.

Konzentriere dich jetzt auf dein Gesicht: Spanne alle deine Gesichtsmuskeln an, indem du die Stirn runzelst, die Zähne zusammenbeißt und die Backenmuskeln anspannst, – eins, zwei, drei, vier, fünf. – Und entspannen.

4.7 Traumreise

Die Kinder liegen oder sitzen in entspannter Lage, die Augen sind geschlossen:

Du bist ganz ruhig und entspannt. – Du bist ganz ruhig und fühlst dich wohl. – Dein Atem geht ruhig und gleichmäßig, – ein – aus – ein – aus – ein. Du fühlst dich wohl. – Du liegst auf einer Luftmatratze in einem See, – du läßt dich von den Wellen schaukeln, – auf – ab – auf – ab. – Du atmest mit dem Schaukeln der Wellen, – ein – aus – ein – aus. – Du spürst die warme Sonne auf deinem Rücken. – Mit deinen Händen plätscherst du im Wasser. – Du hörst das Plätschern, – das Wasser ist angenehm warm. – Du läßt dich von der Luftmatratze ins warme Wasser gleiten. – Du machst langsame Schwimmbewegungen. – Du spürst, wie das Wasser deinen Körper umspült, – du genießt dieses Gefühl. – Du bist ganz ruhig und entspannt.
Nun balle deine Hände zu Fäusten, ziehe sie kräftig zu den Schultern, und ab. – Und noch einmal. Atme tief durch und strecke dich. Gähne, wenn du willst. Öffne deine Augen, und setze dich langsam auf.

Fragen für die Aussprache:
– Konntest du das Schaukeln spüren?
– Welches Gefühl hattest du im Wasser?

4.8 Löwenbaby

Stellt euch vor, ihr seid tapsige Löwenbabys. – Ihr dürft im Raum herumlaufen, – ihr wälzt euch mit dem Rücken auf dem Boden herum, – ihr könnt auch miteinander rangeln, – so wie es junge Löwen machen. – Und jetzt habt ihr genug davon. – Jeweils zwei Löwenbabys bleiben zusammen. – Eines legt sich auf den Bauch, das andere kniet sich daneben. – Da hat sich aber Staub angesammelt auf dem hübschen Löwenbabyfell! – Der

Staub muß raus! – Klopft mit den flachen Händen von den Schultern bis zu den Fersen des staubigen Löwenkindes, – und wieder zurück bis zu den Schultern. – Macht das ein paarmal, – und jetzt streicht ihr das Fell wieder glatt, – immer von den Schultern beginnend, bis zu den Fersen, ganz sanft. – Nun wechselt euch ab.
Die gegenseitige Massage war so entspannend, daß sich alle Löwenbabys zum Schlafen auf den Rücken legen. – Schließt eure Augen. – Du spürst, wie schwer dein Körper auf dem Boden liegt, – so schwer, daß du meinst, in der Erde zu versinken. – Du bist ganz ruhig und entspannt. Atme tief in deinen Bauch, – atme aus – und ein. – Und bei jedem Atemzug wächst du ein Stückchen, – bis du ein riesengroßer Löwe bist. – Wenn du willst, kannst du jemandem Angst einjagen. – Nun wirst du bei jedem Ausatmen kleiner und kleiner, – bis du wieder das kleine Löwenbaby bist.
Wenn ich bis 5 gezählt habe, ballst du deine Hände zu Fäusten, streckst und reckst dich, gähnst und bist wieder hellwach.

Vorschläge für die anschließende Aussprache:
– Wen hast du erschreckt?
– War es schöner, das Baby oder der große Löwe zu sein?

4.9 Spiegelpantomime

Zwei Kinder stehen sich gegenüber, eines schaut sich im Spiegel an, das andere stellt dessen Spiegelbild dar. Sie müssen sich gegenseitig genau beobachten und gleichzeitig synchrone Bewegungen ausführen. Man beginnt am besten mit Gesichtsausdrucksübungen: Zunge herausstrecken, Augen zusammenkneifen, lachen, pfeifen usw. Dann folgen Handbewegungen: lange Nase machen, Finger in den Mund stecken, in der Nase bohren, usw.
Bei genügender Erfahrung kann der Spiegel so groß sein, daß sich die Kinder ganz darin sehen: Beine grätschen, Hampelmann, Seilspringen, etc. Die Zuschauer raten, wer der Führende ist.
Bei Themen aus dem grundlegenden Sachunterricht wie „Ich putze meine Zähne" oder „Meine Morgentoilette", „Ich bereite einen Obstsalat" usw.

lassen sich solche Übungen in der Phase der Zusammenfassung gut einbeziehen. Spiegelpantomimen können auch mit der ganzen Klasse als Konzentrations- und Reaktionsübungen zur Steigerung der Aufmerksamkeit am Beginn einer Unterrichtsstunde durchgeführt werden.

4.10 Glieder ausschütteln

Ein Partner liegt mit dem Rücken auf dem Boden. Der andere lockert ihm durch Schütteln die Muskulatur verschiedender Körperteile:
So umfaßt er ein Handgelenk und schüttelt die Hand,
vom Ellenbogen aus schüttelt er den Unterarm,
vom Schultergelenk aus den ganzen Arm,
vom Fußgelenk aus den Fuß,
vom Knie aus den Unterschenkel.
Dann nimmt er beide Hände und schüttelt die Arme aus. Nun zieht der am Boden Liegende seine Knie an. Der Partner umfaßt die Knie und lockert durch kräftiges Schütteln die Muskulatur der Ober- und Unterschenkel.
Übungen, die als besonders angenehm empfunden werden, können mehrfach wiederholt werden.

4.11 Marionettenspiel

Die Kinder gehen paarweise zusammen. Ein Partner legt sich mit dem Rücken auf den Boden oder setzt sich auf einen Stuhl, er stellt die Marionette dar. Der andere zieht pantomimisch die Fäden, die an den einzelnen Gelenken der Puppe befestigt sind, an Kopf, Fingern, Händen, Ellbogen, Schultern, Knien, Zehen, Fersen und erweckt die Marionette zum Leben. Nach einer bestimmten Zeit werden die Rollen getauscht.

4.12 Bewegungsmeditation Krokodil

Stellt euch vor, ihr seid Krokodile. – Legt euch auf den Bauch, – kriecht am Ufer eines Flusses herum. (Musik). – Ihr krabbelt über Baumstämme (Hindernisse wie Stühle, Schultaschen, Langbank…), kriecht unter den Baumstämmen hindurch, laßt euch ins Wasser plumpsen, wälzt euch herum, schwimmt, schiebt dabei ein Aststück vor euch her, klettert wieder ans Ufer zurück, – schüttelt euch und bleibt erschöpft in der warmen Sonne liegen. – In der Sonne fängt der Rücken an zu jucken. Aber ein Krokodil kann sich nicht selbst am Rücken kratzen, – das wird jetzt ein anderes Krokodil tun:
Jeweils zwei Krokodile finden sich zusammen, eines liegt auf dem Bauch, das andere kniet daneben. – Nun kratzt mit euren Fingern ganz zart ein paarmal auf dem Rücken und den Beinen eures Partners entlang, von den Schultern bis zu den Fersen. – Oh, da ist ja eine Menge Ungeziefer auf der Haut! – Sucht das Ungeziefer vom Rücken ab, indem ihr euren Partner leicht zwickt, – von den Schultern bis zum Po. – Und nun wechselt euch ab!

Der Lehrer wiederholt die Massageanleitungen.

Jetzt sind die Krokodile müde und legen sich zum Schlafen (Rückenlage), – sie strecken sich noch einmal genüßlich, zuerst die Arme, dann die Beine, dann den ganzen Körper.

Es war einmal ein faules Krokodil,
das lag zwei Monate ganz still,
dann schlief es sieben Jahre ein.

Dein Körper ist ganz locker und entspannt. – Im Schlaf bewegst du dein linkes Bein, deine rechte Hand.
Und schließlich schien das Krokodil tot zu sein.
Du liegst jetzt ganz ruhig, – achte auf deinen Atem. Atme ein und aus, – atme deine Gedanken, die du gerade hast, ganz ruhig aus. Du achtest nur auf deinen Atem, – ein – aus. Du merkst, wie die Luft durch die Nasenlöcher einzieht und wieder ausströmt. Konzentriere dich auf deine Atmung, – ruhig und gleichmäßig atmen.
Bei jedem Atemzug wirst du ruhiger und entspannter. So ruhig, wie du jetzt atmest, bist du selbst.
Stell dir etwas vor, was dir Freude macht, – einen Ort, an dem du dich wohlfühlst. – Du spürst die Ruhe, die dieser Ort ausstrahlt.
Du bist zufrieden und glücklich, – du fühlst dich wohl.

Du kannst dich entspannen und Kraft sammeln für den Unterricht.

Denke an das, was du gut machen möchtest – du wirst es schaffen.

Atme ruhig und gleichmäßig. Du weißt, warum wir diese Ruheübung machen, du sammelst Kraft. – Atme ruhig und gleichmäßig.

Doch eines Tages um Mitternacht (zwölf Schläge ertönen lassen) sind die Krokodile wieder aufgewacht.

Nach einem alten Kindervers:

Es war einmal ein faules Krokodil,
das lag zwei Monate ganz still,
dann schlief es sieben Jahre ein,
und schließlich schien es tot zu sein.
Doch eines Tages um Mitternacht,
sind die Krokodile wieder aufgewacht.

Du streckst dich, – gähnst, – stehst langsam auf – und setzt dich auf deinen Platz!

Es folgt eine kurze Aussprache:

Was hat dir bei unserem Krokodilspiel am besten gefallen?

5. Bewegungsmuster zur Verbesserung der Körperwahrnehmung, der Körperorientierung und der allgemeinen Körperkontrolle

5.1 Beispiele für Bewegungsmuster

Formale Übungen erzeugen bei Kindern schnell Langeweile. Sind sie jedoch in Bewegungsspiele eingekleidet, werden sie begeistert ausgeführt.

Beispiele für Bewegungsmuster im Liegen, im Vierfüßlerstand, im Sitzen und im Stand ohne Geräte:

rutschen, rollen, robben, sich über den Boden wälzen, krabbeln...
purzeln, sich um die eigene Achse drehen, wippen...
den Partner schieben, ziehen, tragen und stoßen...
die Glieder pendeln lassen, schwingen...
humpeln, hinken, schlürfen, marschieren, stolzieren...

5.2 Körperkoordinationsübungen

Körperkoordinationsübungen zum bewußten Wahrnehmen beider Körperhälften:

Tiere nachahmen,
über Hindernisse rollen, wälzen, krabbeln, springen...
balancieren, Seilhüpfen...
toben auf dicken Schaumstoffmatten...
Trampolin springen...
fahren mit Rollbrettern...
Hüpfspiele...

5.3 Raumorientierungsübungen

Das dreidimensionale Koordinatensystem muß zunächst vom eigenen Körper aus erlebt werden. Störungen in diesem Bereich zeigen sich, wenn Buchstaben, die durch Lageänderung einen anderen Laut kennzeichnen, verwechselt werden:

d-b   p-q   M–W

Schwierigkeiten in der Rechtschreibung ergeben sich, wenn die Reihenfolge der Buchstaben im Wort, ihre Beziehung untereinander, nicht erfaßt und behalten wird, z. B. Wlad statt Wald oder beim Zahlenschreiben 45 statt 54.
Den Kindern gelingt es nicht, Muster oder Reihenfolgen nachzulegen, was sich auch negativ auf das Sprachverständnis auswirkt: Beim Ausführen von Arbeitsaufträgen oder Geschichtennacherzählen werden die Schwächen offenkundig. Es geht hier zwar um eine zeitliche Beziehung, zuerst, dann, zuletzt, aber Zeit und Raum sind untrennbar miteinander verbunden.
Störungen in der Raumorientierung zeigen sich auch bei Kreisspielen wie „Komm mit, lauf weg", wenn die Kinder den Platz nicht mehr finden, den sie verlassen haben.
Im Heft verlieren sie die Orientierung, wissen nicht, wo oben und unten ist oder wo sie zu schreiben beginnen sollen.
Die Übungsbeispiele zur Raumorientierung umfassen die Aspekte Raumlage, Raumlinien und räumliche Beziehungen.

5.3.1 Raumlage

Gerätebahn aus Langbänken, Kästen, Hängetau und Sprossenwand aufbauen.

Balanciere zuerst über die Langbank, laufe bis vor den Kasten; steige auf den Kasten, hänge dich an das Seil, schwinge dich über die Matten.

Omnibusfahrt
Die Stühle stehen in Doppelreihe hintereinander. Der Busfahrer lenkt scharf um die Kurven. Die Kinder legen sich in die Kurven und sprechen dabei: „Rechts,...".

Spiel
„Mein rechter, rechter Platz ist leer."

5.3.2 Raumlinien

Ganzkörpererfahrung der Senkrechten, Waagrechten und Schrägen an Sportgeräten (Hängetau, Kletterstangen, Leitern, Langbank, Langbank in Sprossenwand eingehängt, Langbank in Ringe eingehängt...)

Sich mit geschlossenen Augen an der Wand entlangtasten, mit geschlossenen Augen die Sprossenwand hinauf- und hinunterklettern,

sich von einem gekennzeichneten Standpunkt aus (Reifen) etwa fünf Schritte (später mehr) vorwärts, seitwärts oder rückwärts entfernen und mit geschlossenen Augen zurückfinden.

5.3.3 Räumliche Beziehungen

Denkmalübung
Körperhaltung eines stehenden, liegenden oder sitzenden Kindes nachahmen

Variation:
Zwei oder mehr Kinder bilden ein Denkmal.

Serialitätstraining
Muster nachlegen, nachbauen oder nachzeichnen z. B. mit Stäbchen

Muster oder Reihen fortsetzen z. B. mit Cuisinaire-Stäbchen

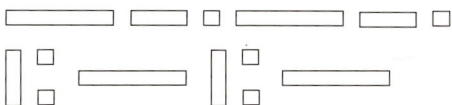

Mit Gymnastikgeräten
wie Stäben, Reifen, Keulen... bestimmte Reihenfolgen nachbauen

Schachbretthüpfen

Ein Schachbrett wird mit Kreide auf den Boden gezeichnet. Die Kinder hüpfen nach einem Plan (Vorlagekarte) von einem Feld zum anderen. Sieger ist, wer fehlerfrei nach Plan hüpfen kann.

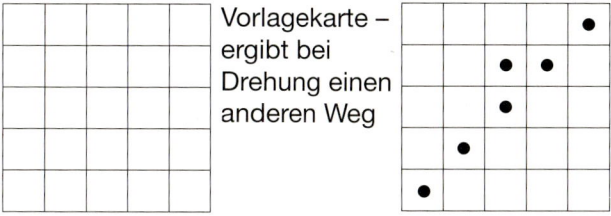

Vorlagekarte – ergibt bei Drehung einen anderen Weg

Schatzsuche

Bodenpuzzleplatten, Markierungshütchen und Gymnastikreifen werden im Abstand von ca. 0,5 m auf dem Boden verteilt. Der Lageplan wird auf Karton gezeichnet oder am Tageslichtprojektor gezeigt.

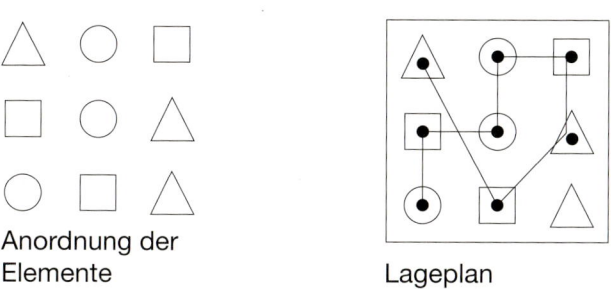

Anordnung der Elemente   Lageplan

Wer fehlerlos zum Ziel kommt, darf sich eine Belohnung abholen.

Variation:
Der Lageplan wird nur kurze Zeit zum Einprägen des Streckenverlaufs gezeigt.

6. Spannungslösung durch Einsatz verschiedener musischer Ausdrucksformen am Beispiel eines Unterrichtsprojektes „Wo die wilden Kerle wohnen" nach Maurice Sendak

6.1 Phantasiereise

Diese gelenkte Vorstellung versetzt die Kinder in die Lage, sich ihrer Wut-, Angst- und Ohnmachtsgefühle bewußt zu werden. Durch das Bewußtwerden negativer Emotionen können diese umgewandelt werden, auf schöpferische Weise verarbeitet, ihre Botschaft erkannt und ihre Ursachen verstanden werden, um sich davon zu befreien. So „müssen wir nicht zum Opfer unserer negativen Emotionen werden, und wir brauchen sie auch nicht blind auszureagieren, sie nicht auf destruktive Art auszudrücken" (Whitmore, 1988).

Die Kinder liegen oder sitzen entspannt mit geschlossenen Augen:

Es wird Abend. – Du hast einen schlimmen Tag hinter dir, – es gab Ärger mit deiner Mutter. – Denk' noch mal daran, was da los war. – Vielleicht ging es um die Hausaufgaben? – Oder du warst nicht pünktlich zu Hause? – Oder du hättest etwas erledigen sollen? – Du weißt selbst am besten, was geschehen ist! Jetzt spürst du nur eine unheimliche Wut im Bauch und möchtest deine Mutter irgendwie ärgern. – Es gelingt dir auch. – Da schimpft dich deine Mutter: wilder Kerl! – Deine Wut wird noch größer. – Am liebsten würdest du deine Mutter auffressen. – Du bist frech zu ihr. – Zur Strafe schickt sie dich in dein Z afe schickt sie dich in dein Zimmer, und du mußt ohne Essen ins Bett. – Du fühlst immer noch die Wut in dir, aber du fühlst dich auch sehr allein gelassen und traurig. Die Mutter versteht dich nicht.
Genau in dieser Nacht wächst ein Wald in deinem Zimmer, – er wächst, bis die Decke voll Laub hängt und die Wände so weit wie die ganze Welt sind. – Du beginnst, dich wohler zu fühlen, – du wirst richtig übermütig, – und plötzlich ist da ein Meer mit einem Schiff nur für dich. – Und du segelst davon, Tag und Nacht, – wochenlang, fast ein ganzes Jahr, bis zu dem Ort, wo die wilden Kerle wohnen. – Und wie du dort ankommst, wo die wilden Kerle wohnen, brüllen sie ihr fürchterliches Brüllen – und fletschen ihre fürchterlichen Zähne. – Sie rollen ihre fürchterlichen Augen – und zeigen ihre fürchterlichen Krallen. – Du hast Angst vor ihnen, aber du zeigst deine Angst nicht. – Und dann sagst du: Seid still! Und zähmst sie mit einem Zaubertrick.
Du starrst in alle ihre gelben Augen, ohne ein einziges Mal zu zwinkern. – Da bekommen sie Angst und nennen dich den wildesten Kerl von allen – und machen dich zum König der ganz wilden Kerle. – Du hast eine Krone auf dem Kopf und ein Zepter in der Hand. – Sie verbeugen sich vor dir. – Du genießt es, so bewundert zu werden. – Du bist stolz, – sie mögen dich, – und jetzt rufst du: Machen wir Krach! – Du tanzt, singst, schreist und tobst zusammen mit den wilden Kerlen. – Du bist glücklich, – aber nun reicht es dir. – Schluß jetzt! rufst du und schickst die wilden Kerle ins Bett. – Die wilden Kerle schlafen, – aber du, der König aller wilden Kerle, fühlst dich einsam. – Du willst wieder dort sein, wo dich jemand am allerliebsten gehabt hat. – Da riecht es auf einmal um dich herum nach gutem Essen. – Das kommt von weit her, quer durch die Welt. – Du willst nicht mehr König sein, wo die wilden Kerle wohnen. – Du steigst in dein Schiff, – aber die wilden Kerle haben es gemerkt und sind hinterhergelaufen. – Sie stehen am Ufer und schreien: Geh bitte nicht fort – wir fressen dich auf – so gern haben wir dich! – Und du winkst ihnen zu und lachst: nein! – Die wilden Kerle brüllen ihr fürchterliches Brüllen – und fletschen ihre fürchterlichen Zähne. Sie rollen ihre fürchterlichen Augen – und zeigen ihre fürchterlichen Krallen. – Du aber segelst zu-

rück übers Meer, – fast ein ganzes Jahr, – viele Wochen lang – und noch einen Tag. – Bis in dein Zimmer, wo es Nacht ist und das Essen auf dich wartet. – Und du bist glücklich und erleichtert. – Genieße dieses Gefühl!
Ich werde jetzt bis 10 zählen. Wenn ich bei 5 angelangt bin, dehnst und streckst du dich. Bei 10 öffnest du deine Augen und bist hellwach.

Im Anschluß an diese Phantasiereise erfolgt eine gemeinsame Aussprache:
– Wie fühlst du dich jetzt?
– Wie hat dir diese Traumreise gefallen?
– Konntest du dich manchmal wiedererkennen?
– Erzähle von deinen Wutausbrüchen!
– Was machst du, wenn du wütend bist?

6.2 Anfertigen von Gipsmasken

Die Traumreise ins Land der wilden Kerle wird noch einmal ins Gedächtnis zurückgeholt und gibt die Einstimmung zum Gestalten der Gesichtsmasken aus Gipsbinden. Man kann sie in Dreiergruppen herstellen. Ein Teil der Klasse agiert als Zuschauer. Der Raum ist leicht abgedunkelt, im Hintergrund spielt ruhige Musik, eine Kerze brennt. In jeder Gruppe liegt das Kind, dem die Maske abgenommen werden soll, auf dem Boden. Die anderen beiden sitzen oder knien links und rechts daneben. Sie werden ihm zunächst eine angenehm entspannende Gesichtsmassage zukommen lassen und es anschließend durch liebevolle Zuwendung beim Auflegen der Gipsbinden verwöhnen.

Cremt ganz langsam die Backen, die Nase, die Stirn und das Kinn ein (Hautcreme), – legt Zellstoffstreifen über die Augenbrauen und den Haaransatz, damit nachher der Gips nicht anklebt. – Schneidet von den Gipsbinden etwa fingerlange Stücke ab, taucht sie ins Wasser, legt sie auf das Gesicht und verstreicht sie ineinander. – Arbeitet in mehreren Schichten. – Augen, Nasenlöcher und Mund bleiben frei! Während die Masken jetzt trocknen, darf das Gesicht nicht bewegt werden. Versucht alle, euch jetzt ganz ruhig zu halten! – Schließt die Augen, und hört der Musik zu.

Nach etwa 5 bis 10 Minuten ist der Gips trocken.

Nun dürft ihr Grimassen schneiden – die Maske lockert sich und kann vorsichtig abgenommen werden.

Es ist jedesmal ein faszinierendes Erlebnis zu beobachten, wie während dieser Aktion das Vertrauen untereinander und das Empfinden von Zugehörigkeit des einzelnen zur Klasse wächst. Selbst unruhige, zappelige Kinder wirken ausgeglichener und optimistischer.

6.3 Pantomimischer Maskentanz

Die getrockneten Gipsgesichter werden mit Gummibändern versehen, damit man sie tragen kann. In ihrer weißen Farbe wirken sie sehr beeindruckend, eine Bemalung ist nicht notwendig, aber möglich.
Durch das Maskenspiel bekommen die Kinder Gelegenheit, sich körperlich zu entkrampfen, und lösen damit ihre seelischen Verspannungen. Die Maske schützt das Kind vor einer unter Umständen bedrohlichen Umgebung und nimmt ihm die Angst sich bloßzustellen. Es spielt nicht sich selbst, sondern in unserem Fall einen „wilden Kerl". Der Raum wird verdunkelt, als Beleuchtung dienen zwei Punktleuchten, ersatzweise der Tageslichtprojektor oder ein Diaprojektor.
Zusätzlich können mit farbigen Glasscheiben interessante Lichteffekte erzielt werden. Kinder, die nicht mitspielen möchten, werden dazu auch nicht gezwungen, sie wirken als Zuschauer mit. Der Leh-

rer übernimmt die Sprecherrolle in Anlehnung an Sendaks Bilderbuch. Nach der Rollenverteilung erscheinen die Masken und spielen oder tanzen die jeweiligen Szenen pantomimisch. Die Musik unterstützt den persönlichen Bewegungsausdruck. Vorschläge für Begleitmusik zu den einzelnen Szenen:*

(A)

Max im Wolfspelz

a) Till Eulenspiegel von Richard Strauss
oder
b) Nacht auf dem kahlen Berg von Mussorgski, überleitend auf die nächste Szene

Der Wald wächst

Morgenstimmung aus Peer Gynt Suite von Edvard Grieg

Die Fahrt übers Meer

La Mer, Spiel der Wogen-Zwiesprache von Wind und Meer von Claude Debussy

(B)

Ankunft bei den wilden Kerlen

a) Höllentanz des Königs Kaschtei und seiner Untertanen, Feuervogel-Suite von Igor Strawinsky
oder

---

* Die dazugehörende Kassette kann über die Autoren bezogen werden (Dr. Karl Liebrich, Piracher Str. 5, 8091 Frabertsham).

b) Tanz der Gaukler aus „Schneeflöckchen" von Rimski-Korsakow

Bei den wilden Kerlen

Five O'Clock Foxtrott von Maurice Ravel

Heimweh

a) Neue Welt (Largo) von Anton Dvorak
oder
b) Steppenskizze aus Mittelasien von Alexander Borodin
oder
c) Der Schwan aus „Karneval der Tiere" von Camille Saint-Saëns
oder
d) Flötenkonzert Nr. 1 Rondo von Wolfgang A. Mozart

Heimfahrt

Danse macabre von Camille Saint-Saëns

Wieder zu Hause

Nußknacker-Suite von Peter Tschaikowsky

6.4 Körpermasken

Die wilden Kerle motivieren nicht nur zum Anfertigen von Gesichtsmasken aus verschiedenen Materialien, sondern reizen auch, sich gegenseitig den Körper mit Farbe zu bemalen oder einzuschmieren. Bei dieser Aktion, die am besten im Freien stattfindet, tragen die Kinder, die sich bemalen lassen möchten, Badekleidung. Gemalt wird entwe-

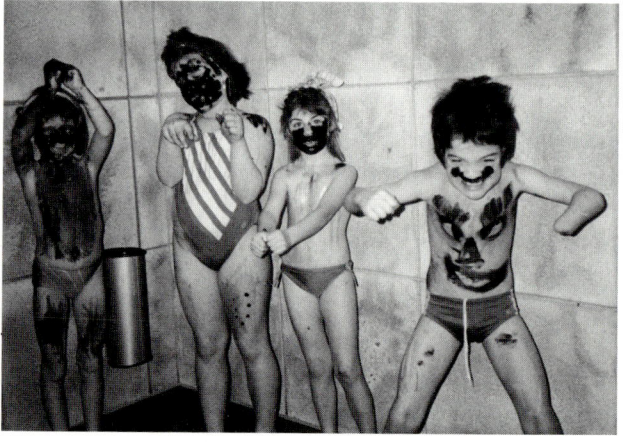

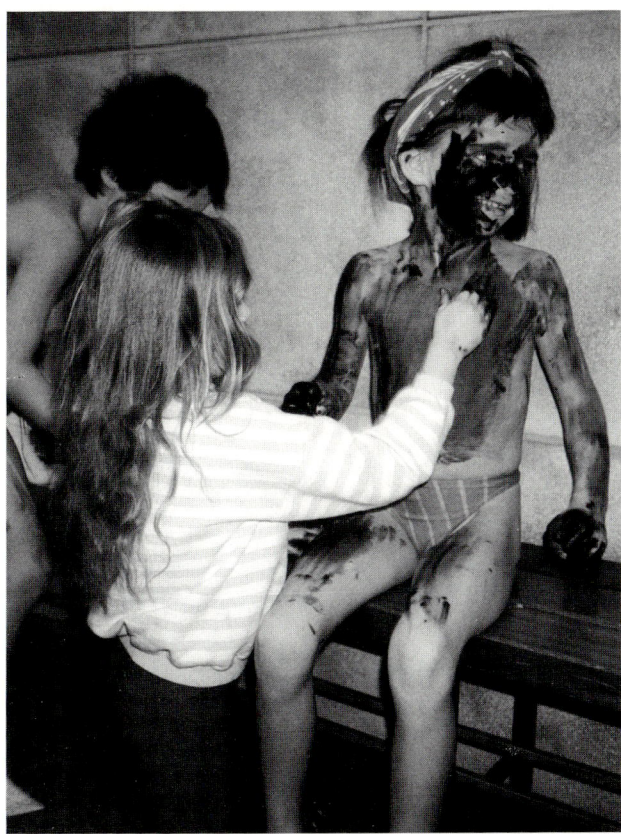

der mit Fingerfarben oder mit Schminkfarben. Allen Beteiligten verschafft dieser ungewöhnliche Hautkontakt, der sich zum Teil recht glitschig gestaltet, ein lustvolles Erlebnis. Mit großem Ernst sind sie bei der Sache. Es gibt jedoch immer wieder Kinder, die nicht so hautnah mit Farben in Berührung kommen möchten. Ihnen sollte erlaubt werden, als stille Beobachter dabei zu sein.

Nach Abschluß der Malaktion können die wilden Kerle zu einem Schönheitswettbewerb antreten oder auch durch wilde Gebärden ihre Gefährlichkeit anzeigen. In einem abgesprochenen Zeitraum ist Schreien, Toben und Stampfen erlaubt. Das Abwaschen der Farbe geschieht in den Naßzellen der Turnhalle.

6.5 Gesichter bemalen

Bei diesem Spiel wird ohne Schminkstifte gearbeitet – die Phantasie allein läßt die Masken entstehen. Paarweise sitzen sich die Kinder gegenüber. Eins von beiden schließt die Augen und läßt

sich das Gesicht bemalen. Es spürt, wie sein Partner mit den Fingerspitzen Stirn, Augenbrauen, Schläfen, Backen, Nase, Mund und Kinn verziert, und stellt sich sein buntgeschmücktes Gesicht vor. Wenn die Maske fertig ist, wechseln sich die beiden ab. Ein abschließender pantomimischer Maskentanz, bei dem sich die Kinder, ohne einander zu berühren, nach Musik frei im Raum bewegen, beendet das Spiel (vgl. Vopel, 1989[4]).

6.6 Maskenbilder der wilden Kerle

Das Malen eines wilden Kerls kann die Form eines kreativen Spieles annehmen, das den Kindern die Möglichkeit gibt, sich mit ihrem Traumbild zu identifizieren. Sie sitzen entspannt mit geschlossenen Augen und visualisieren die Bilder aus der gelenkten Vorstellung:

Du kommst bei den wilden Kerlen an, – du bist selbst einer von ihnen. Du fletscht deine fürchterlichen Zähne, – du hörst dein fürchterliches Brüllen, – du rollst deine fürchterlichen Augen – und zeigst deine fürchterlichen Krallen. – Du machst dich ganz groß, fuchtelst mit deinen Armen in der Luft herum und tobst wie ein Wilder.
Wenn ich jetzt bis 10 zähle, kommst du langsam zurück, öffnest deine Augen und malst dich als großen, wilden Kerl auf dein Blatt!

Der Malkasten, ein Block in der Größe DIN A3, ein dicker Haarpinsel und Wasserglas sind bereits vorbereitet.
Während die Kinder arbeiten, erinnert der Lehrer an die Ausdrucksmerkmale eines „wilden Kerls":
Denk an die großen rollenden Augen. – Augenbrauen und Wimpern gehören dazu. – Denk an den großen Mund mit den fürchterlichen Zähnen, – die Haare hängen wild um das Gesicht. – Vielleicht hat er Hörner. – Denk auch an die Krallen. Nimm kräftige Farben, wenig Wasser – ! Laß den Hintergrund nicht weiß!"

Trotz dieser eingehenden Vorbesprechung entstehen so viele unterschiedliche „wilde Kerle", wie Kinder in der Klasse sind. Keiner gleicht dem anderen. Jeder ist für sich originell und gibt die Stimmung und das Wesen seines Autors wieder.
Nach Fertigstellung der Arbeiten werden diese zur

gemeinsamen Besprechung zusammengelegt oder aufgehängt. Durch die gerade selbst vollzogene Problemlösung sind die Kinder in der Lage, zu vergleichen und zu beurteilen. Wichtig ist hier nur, sie dahin zu führen, immer auch das Positive zu sehen und beschreiben zu lassen. Zuerst werden

gelungene Details hervorgehoben und gelobt, dann kann man eventuell berechtigte Kritik üben und Verbesserungsvorschläge anbringen, z. B.:

Auf diesem Bild kommt das Wilde besonders gut zum Ausdruck; die Augen funkeln richtig. Wie er die Arme bewegt, man könnte fast Angst bekommen. Die Farbe des Hintergrundes ist gut gewählt – der wilde Kerl hebt sich deutlich ab. Vielleicht hätten die fürchterlichen Zähne noch ein bißchen kräftiger hervorgehoben werden können, mit einer helleren Farbe?

Oder: Das ist ein ganz lieber wilder Kerl. Er hat sogar Hörner. Schaut die vielen spitzen Zähne an, aber wir müssen keine Angst vor ihm haben, denn seine Augen blicken uns freundlich an, als würden sie sagen: Ich tu euch nichts. Vielleicht hätte er ein bißchen größer gemalt werden können? Macht aber nichts, er ist halt noch ein kleiner wilder Kerl!

Bei jedem Bild gibt es etwas Positives herauszustellen, auch wenn eine berechtigte Kritik überwiegen wird, wie z. B.:

Du hast so schön angefangen, der Kopf ist groß, die weißen Augen schauen uns fürchterlich wild an, aber dann hast du leider keine Lust mehr gehabt und nur noch geschmiert. Schade, daß du damit dein eigentlich schönes Bild zerstört hast!

Dieser eben besprochene „wilde Kerl" gehörte einem neunjährigen, hyperaktiven Jungen, der die „Wildheit" als Aggression gegen sich selbst ausgelegt hatte. Er reagierte mit lautem Schimpfen und Toben auf die Kritik und warf sich dann erschöpft und schmollend über seine Bank. In der nächsten Malstunde beteiligte er sich nach einigem Zögern an unseren „Wutbildern" (siehe gegenüberliegende Seite) und äußerte anschließend den Wunsch, noch einmal einen „wilden Kerl" malen zu dürfen. Das Ergebnis war ein außerordentlich liebenswürdiger „wilder Kerl", der es nicht mehr nötig hatte, seine Krallen zu zeigen.

Selbstbewußt steht er mit beiden Beinen fest auf dem Boden und besticht durch eine kontrollierte, gezähmte Wildheit, die Optimismus ausstrahlt und Originalität bezeugt.

6.7 Aggressionsabbau durch Malen und Modellieren

Dem aggressiven Kind die Möglichkeit zu geben, sich von affektiven Stauungen und blockierten Gefühlen zu reinigen und sich gleichzeitig bewußt zu werden, was in ihm vor sich geht, ist eine essentielle Hilfestellung für seine weitere Entwicklung, auch im Sinne des Aggressionsabbaus. Die Bedrängnis transparent zu machen, z.B. durch Malen, unterstützt und reguliert diesen Prozeß. Die Kinder sollen sich ihrer negativen Gefühle einer bestimmten Person gegenüber bewußt werden und dürfen sich über das Malen oder Modellieren eines Tonklumpens von ihren Affekten befreien. Sie brauchen ihre Ohnmacht, ihren Zorn, ihre Wut nicht zu verdrängen oder sie an einem anderen auszulassen, sondern lernen auf ganz elementare Weise, sich von dem inneren Druck zu befreien.

Wutbilder

Zunächst wird das Material für das anschließende Experiment vorbereitet: Die Kinder streichen großformatige, feste Papierbögen mit Tapetenkleister ein und stellen Näpfchen mit Fingerfarben dazu. Dem schließt sich eine gemeinsame Konzentrations- und Atemübung an:

Stell dich hin, die Füße parallel mit einem Zwischenraum von zwei Handbreiten, die Knie leicht gebeugt. – Such dir einen festen Stand, von den Knien abwärts sind die Füße mindestens 40 Meter tief in der Erde verwurzelt. Schließe die Augen, – atme ein paarmal kräftig durch. – Stelle dir nun den Menschen vor, auf den du im Augen-

blick die meiste Wut hast, – der dich geärgert hat. – Stelle dir eine Situation mit diesem Menschen vor, in der du wütend geworden bist. – Du spürst deine Wut im Bauch, diese Wut kannst du nun durch richtiges Atmen loswerden. – Lege deine Hände auf den Bauch, unterhalb des Nabels, dahin, wo deine größte Wut steckt. – Atme tief Luft in deinen Bauch, – falte jetzt deine Hände, und presse die verbrauchte Luft beim Ausatmen durch die Beine, durch die Füße tief hinunter in die Erde. – Bei jedem Ausatmen läßt du deine Wut hörbar, durch ein lautes „Haaa", das wie ein erleichternder Seufzer klingen kann, heraus. – Stell dir vor, daß du deine Wut mit dem Atem wegbläst. – Beim Einatmen sammelst du jedesmal neue Kraft, beim Ausatmen kann das Unangenehme, deine im Bauch gestaute Wut abfließen. –

Öffne nun die Augen und stell dich vor deinen Arbeitstisch. – Nimm Farbe auf deine beiden Zeigefinger oder auch auf alle Finger, wenn du magst. – Beginne mit beiden Händen vom Körper weg Striche zu ziehen, und atme dabei mit einem kräftigen Seufzer aus. – Hol Dir beim Einatmen neue Kraft, zieh deine Arme im Bogen nach außen an den Körper, und male dir die Wut aus dem Bauch.

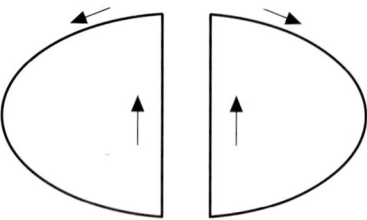

Die Kinder können sich auch eigene Bewegungen ausdenken, die ihre Gefühle ausdrücken.
In einem abschließenden Meinungsaustausch kann über die Erfahrungen gesprochen werden, die der einzelne bei diesem Experiment gemacht hat.

Mögliche Fragen dazu sind:
- Wie fühlst du dich jetzt?
- Wie ist jetzt dein Gefühl dem Menschen gegenüber, auf den du Wut hattest?
- Wie läßt du sonst deine Wut aus? (vgl. Schottenloher, 1989[2])

Wutplastiken
Am Anfang steht wieder eine Atemübung, wie sie bei den „Wutbildern" beschrieben worden ist.

Dann bekommt jedes Kind einen Tonklumpen in die Hand und wird aufgefordert, sich vorzustellen, daß dieser die wuterzeugende Person sei:

Du darfst den Ton auf den Boden knallen, schlagen, auseinanderreißen, kratzen, oder was dir sonst noch einfällt. – Laß deine Wut hörbar aus dir raus, – schimpfe, seufze. – Wir versuchen in einen gemeinsamen Atemrhythmus zu kommen. – Wir atmen alle kräftig ein und schlagen beim Ausatmen mit der Faust auf den Tonklumpen, den wir in der anderen Hand halten. – Schließt nun eure Augen, und formt eine „Wutfigur". – Ihr könnt den Ton zwicken, Löcher hineinbohren, plattdrücken, rollen, auseinanderreißen und wieder zusammenfügen.

Der Abschluß gestaltet sich ähnlich wie bei den „Wutbildern". Die Kinder identifizieren sich mit den Figuren und sprechen über ihre Gefühle. Die Formen werden getrocknet, gebrannt und eventuell bemalt. Diese Art von Aggressionsabbau kann jederzeit einem einzelnen Kind während des Unterrichts gestattet werden. Dazu braucht man nur eine Plastilinkugel, ein ruhiges Eckchen und einsichtige Klassenkameraden... (Schottenloher, 1989[2]).

7. Phantasiereise nach dem Bilderbuch „Frederick" von Leo Lionni

Diese gelenkte Vorstellung hilft den Kindern, sich auf ihre Glücksgefühle zu konzentrieren und sich auf deren Tiefe einzulassen. Sie spüren die befreiende und zugleich bereichernde Wirkung auf die eigene Psyche, wenn sie andere an ihren positiven Gedanken und Gefühlen teilhaben lassen können.

Wir setzen oder legen uns bequem hin, schließen die Augen und atmen ein paarmal tief in den Bauch hinein.
Nun stell dir vor, du liegst auf einer wunderschönen Blumenwiese: rings um dich leuchtende Mohnblumen, weiße Margeriten und dazwischen blaue Glockenblumen. – Du spürst die Sonnenstrahlen auf deiner Haut und bist glücklich. – Du fühlst, wie du kleiner und kleiner wirst, – so klein wie eine Maus. – Ja, du bist selbst eine Maus, inmitten deiner Mäusefamilie. – Du bist eine glückliche Maus. – Die Grashalme sind für dich jetzt so hoch wie ein dichter grüner Wald, in dem du Schatten findest. – Du schaust an den Halmen hinauf und siehst an deren Ende große bunte Sonnenschirme. – Das sind die Blüten der roten Mohnblume, der weißen Margeriten und der blauen Glockenblumen. – Ganz hoch oben siehst du das tiefe Blau des Sommerhimmels mit den goldenen Sonnenstrahlen. – Du freust dich über diese Farbenpracht, sitzt ganz ruhig da und genießt die Schönheit der Natur. – Deine Eltern und deine Geschwister sind eifrig dabei, Körner und Samen für den nahenden Winter zu sammeln. – Da fragt dich eine Maus: – Du sitzt nur da und starrst in die Luft, was machst du eigentlich?
Du aber läßt dich nicht aus der Ruhe bringen und sagst:
Ich arbeite auch, ich sammle Farben, viele bunte Farben, denn der Winter ist grau.
Inzwischen ist es Herbst geworden, – deine Mäusefamilie ist Tag und Nacht damit beschäftigt, Nüsse, Körner und Stroh heimzutragen. – Du aber sitzt in der späten Herbstsonne, hast deine Augen geschlossen und rührst dich nicht.

Du läßt dir die letzten Sonnenstrahlen aufs Fell brennen und genießt deren Wärme. – Die anderen Mäuse fragen dich:
– Sag, warum arbeitest du nichts?
Du aber antwortest ihnen: – Ich arbeite doch. Ich sammle die Sonnenstrahlen für die kalten Wintertage!
Die anderen begreifen das nicht und schauen dich nur verständnislos an. – Die letzten Blätter fallen von den Bäumen, und deine Familie ist immer noch dabei, die Vorräte für den Winter nach Hause zu schleppen, hinunter in die Wohnung unter der alten Steinmauer. – Du aber sitzt da, als wärest du eingeschlafen. – Du denkst noch einmal zurück an die vielen schönen Erlebnisse, die dieses Jahr wieder mit sich gebracht hat.
Du bist zufrieden mit deinem Leben und dir selbst, – und du bist dankbar. – Da wirst du plötzlich von der Stimme deines Bruders in die Wirklichkeit zurückgeholt, – vorwurfsvoll fragt er dich: – Du träumst wohl?
„Aber nein", sagst du ihm, „ich sammle Wörter, – es gibt viele lange Wintertage, – und dann wissen wir nicht mehr, worüber wir reden sollen."
Es beginnt zu schneien, der Schnee bleibt liegen, – die Mäuse ziehen sich in ihr Versteck unter der Steinmauer zurück. – Du auch, – es ist gemütlich in eurer Wohnung. – Ihr knabbert an euren Vorräten, – ihr habt genug zu essen. – Ihr erzählt euch Geschichten über singende Füchse und tanzende Katzen. – Ihr seid glücklich, – aber der Winter dauert lang. – Nach und nach werden alle Nüsse, Körner und Beeren aufgeknabbert. – Das Stroh ist verbraucht, – auf einmal wird es sehr kalt zwischen den Steinen der alten Mauer, und keiner hat mehr Lust zum Sprechen. – Traurig und frierend sitzt die Mäusefamilie in der ungemütlich gewordenen Wohnung. – Da fragt plötzlich der Papa: „Du kleine Maus, was machen denn eigentlich deine Vorräte, hattest du nicht einmal Sonnenstrahlen, Farben und Wörter gesammelt?" – „Oh ja", lächelst du glücklich,

„macht eure Augen zu, denn jetzt schicke ich euch die Sonnenstrahlen, die ich für euch gesammelt habe. – Ihr könnt spüren, wie hell und warm sie auf eurem Fell leuchten."

Und tatsächlich, – sie fühlen die Wärme des goldenen Sonnenscheins um sich herum. – Es ist richtig hell geworden in der Wohnung, – die Kälte haben sie vergessen; – ist das ein Zauber? –

„Und was ist mit den Farben, die du gesammelt hast, kleine Maus?" fragen sie ganz aufgeregt. –

„Schließt erst die Augen, und hört mir zu: Denkt an die roten Mohnblumen, an die blauen Glockenblumen und die weißen Margeriten, an die grüne Wiese, an das gelbe Kornfeld und die goldenen Sonnenstrahlen!"

„Oh ja, wir sehen die bunten Farben", rufen die Mäuse begeistert. – „Du kleine Maus, was ist mit den Wörtern, die du gesammelt hast?" – „Wartet einen Augenblick", sagst du und kletterst eilig auf einen großen Stein. – Du stehst dort oben wie auf einer Theaterbühne. – Es ist ganz still in eurer kleinen Mausewohnung, die jetzt gar nicht mehr dunkel, kalt und ungemütlich ist, denn du hast ja schon einiges von deinen gesammelten Vorräten hergeschenkt: Wärme, Licht und Fröhlichkeit. – Die Mäuse schauen erwartungsvoll zu dir hinauf. – Was wirst du ihnen jetzt geben? – Du räusperst dich und fängst mit fester Stimme von deiner Bühne herab zu sprechen an:

„Wer streut die Schneeflocken? Wer schmilzt das Eis?

Wer macht lautes Wetter? Wer macht es leise?
Wer bringt den Glücksklee im Juni heran?
Wer verdunkelt den Tag? Wer zündet die Mondlampe an?

Vier kleine Feldmäuse wie du und ich
wohnen im Himmel und denken an dich.

Die erste ist die Frühlingsmaus, die läßt den Regen lachen.
Als Maler hat die Sommermaus die Blumen bunt zu machen.
Die Herbstmaus schickt mit Nuß und Weizen schöne Grüße.
Pantoffeln braucht die Wintermaus für ihre kalten Füße.

Frühling, Sommer, Herbst und Winter sind vier Jahreszeiten.

Keine weniger und keine mehr.
Vier verschiedene Fröhlichkeiten."

Es wird ganz still im Raum, – nur das Atmen ist zu hören. – Dann klatschen alle begeistert in ihre Pfötchen und rufen bewundernd zu dir hinauf: „Du bist ja ein Dichter!" – Vor Verlegenheit wirst du ganz rot, – verbeugst dich tief und sagst bescheiden: „Ich weiß, ihr lieben Mäusegesichter, ich weiß." – Während du den Beifall dankbar entgegennimmst, genießt du das schöne Gefühl, anderen von deinem Glück, von deiner Zuversicht, von deinem Vertrauen, von deiner Hoffnung, von deinem Reichtum abgegeben zu haben. – Du hast sie damit aus ihrer Not und Verzweiflung herausgeholt. – Doch du bist deswegen nicht ärmer geworden, nein, im Gegenteil, du fühlst dich reicher und glücklicher als je zuvor. – Bewahre dieses Glücksgefühl tief in deinem Inneren.

Du hast jetzt noch eine Minute Zeit, die Bewunderung deiner Zuhörer zu genießen.

Nach ca. einer Minute:

Jetzt ist es Zeit zurückzukehren. – Du verwandelst dich wieder in deine Gestalt, wirst größer und größer, bis du so groß bist, wie du heute bist. – Ich werde jetzt bis 10 zählen, – wenn ich bei 10 angelangt bin, dehnst und streckst du dich, öffnest deine Augen, bist wieder hellwach und erinnerst dich an dein Erlebnis.

Eins... zwei... drei... vier... fünf... sechs... sieben... acht... neun... zehn.

Vorschläge zum Erfahrungsaustausch im Anschluß an die Phantasiereise:

– Wie war es für dich, den anderen von deinen Vorräten abgeben zu können?
– Wie hast du es fertig gebracht, daß deine Kameraden die Kälte, die Verzweiflung und Traurigkeit nicht mehr gespürt haben?
– Wer ist es, der die Schneeflocken streut, das Eis schmelzen läßt... der es immer wieder Frühling, Sommer, Herbst und Winter werden läßt?
– Warum bist du rot geworden, als die anderen dir Beifall klatschten und dich bewunderten?
– Es ist wichtig, genug zu essen zu haben, immer satt zu werden, aber das ist nicht alles, was man zum Leben braucht...!
– Wie könntest du einen anderen fröhlich machen?

8. Psychomotorische Übungen

Bewegungsstörungen im grobmotorischen Bereich werden bei hyperaktiven Kindern oft nicht rechtzeitig erkannt, da diese Kinder in der Alltagsmotorik lange Zeit unauffällig sind. Doch zeigen sich beim sensibilisierten Beobachten Störungen im Bereich von Gesamtkörperkoordination und Gleichgewichtshaltung bereits in den ersten Entwicklungsjahren durch häufiges Hinfallen, Schwierigkeiten beim Treppensteigen und beim Roller- und Radfahren. Auch beim Balancieren, Springen, Hüpfen usw. werden diese Bewegungsstörungen deutlich. Minderleistungen im feinmotorischen Bereich dagegen sind offensichtlicher. Dies zeigt sich beim Schreiben, beim Malen und Zeichnen, beim Aus- und Anziehen, beim Schuhebinden, beim Basteln usw.

Im Rahmen psychomotorischer Übungen soll das unruhige und steuerungslose Kind zunächst von basalen, umfassenden körperlichen Übungen zu genaueren und feineren Bewegungen geführt werden.

Nun sind motorische Prozesse eng mit Wahrnehmungsfunktionen verknüpft. Je besser das Kind hinhören und hinfühlen kann, je besser es seine Umwelt beobachtet, desto ausgeglichener und vollkommener wird seine Bewegungsbeherrschung sein. Der Umgang mit vielfältigen Materialien gibt dem Kind die notwendigen Sinneserfahrungen.

Reaktionsspiele, Geschicklichkeitsübungen, Zuordnungsspiele, Balancierübungen und Selbstwahrnehmungsübungen sind nur einige Übungsbeispiele für den wahrnehmungsorientierten Unterricht zur Förderung der visuellen Wahrnehmung, der Raumorientierung, der taktilen und akustischen Wahrnehmung wie auch der Körperwahrnehmung.

Bei allen Wahrnehmungsübungen ist stets darauf zu achten, daß das Kind mit allen Sinnen bei der Sache ist, daß es sich intensiv auf isolierte Sinnesreize konzentriert.

Gerade die hyperaktiven Kinder hören nämlich etwas, sehen gleichzeitig etwas anderes und beschäftigen sich mit einem dritten Gegenstand. Vielleicht haben sie auch noch einen Kaugummi im Mund. Bewegungsorientierte Übungen bieten dem überaktiven Kind Möglichkeiten, seinen Bewegungsdrang auszuleben.

Es kann seine gestörte zentralnervöse Regulationsfähigkeit kurzfristig ausgleichen und lernt, sie langfristig zu stabilisieren. Auch Konzentration und Aufmerksamkeit lassen sich durch psychomotorische Lernprozesse positiv beeinflussen.

8.1 Brems- und Steuerungsübungen

8.1.1 Magnetische Körperteile

Die Kinder gehen (laufen) durch den Raum. Auf ein vereinbartes Zeichen, z. B. klatschen, sollen immer zwei Kinder einen vorher bestimmten Körperteil (rechte Hand, Kopf, linken Ellenbogen, Rücken, Po, rechten Fuß ...) miteinander in Berührung bringen und versuchen, gemeinsam ein Stück zu gehen.

Sobald ein Gongschlag ertönt, bleiben die Kinder stehen und drücken sich auseinander. Das Spiel beginnt von neuem.

Variation

Partnerspiel: Verschiedene Körperteile ziehen sich magnetisch an, z. B. rechter Ellenbogen des einen Kindes und linke Schulter des anderen, linke Hand und linker Fuß, Rücken und Kopf.

Die Kinder bringen einen vorher bestimmten Körperteil mit dem Fußboden in Berührung und warten auf die Erlösung durch den Gongschlag.

Die eigenen Körperteile miteinander verbinden, z. B. linke Hand und rechte Ferse, Nase und Knie, Ellenbogen und Hüfte.

8.1.2 Stop

Jedes Kind hält ein gedachtes Steuerrad in der Hand und fährt mit seinem „Auto" durch den Raum. Auf ein optisches und akustisches Zeichen hin, z. B. rote Fahne oder Pfiff, muß das Auto sofort abgebremst werden und zum Stehen kommen, bis ein Signal die Weiterfahrt freigibt.

Variationen

Es wird eine unterschiedliche Anzahl von Zeichen vereinbart, z. B. ein Pfiff bedeutet Stop, zwei Pfiffe auf einem gekennzeichneten Platz parken (hinsetzen), drei Pfiffe in die Tiefgarage fahren (auf den Bauch legen).

Die Kinder werden in drei oder vier Gruppen eingeteilt, jede Gruppe ist durch farbige Bänder gekennzeichnet. Der Lehrer wirft einen großen, verschiedenfarbigen Schaumstoffwürfel zwischen den fahrenden „Autos" hoch. Die oben liegende Farbe bestimmt die Autogruppe, die schnellstens auf den Parkplatz muß. Der jeweils letzte Autofahrer scheidet aus.

8.1.3 Stockübung zum Aggressionsabbau

Zwei Partner stehen sich gegenüber. Der eine hält zwischen beiden Händen einen Gymnastikstab, den er, seinen Körper schützend, auf und ab bewegt, um die pantomimisch ausgeführten Stockschläge seines Gegners abzuwehren. Der Gegner stoppt seine Hiebe jeweils so rechtzeitig ab, daß keine Berührung der Stäbe stattfindet. Jeder Hieb wird von einem kurzen Schrei begleitet.

Variation

Dieselbe Übung, jedoch mit bloßen Händen.

8.1.4 Dampf ablassen

Eine Matratze, ein Kissen, ein Punchingball oder auch ein großer Gymnastikball dienen dazu, Ärger oder aufgestaute Wut loszuwerden. Zwei bis drei Kinder schlagen mit den Fäusten unter freiwerdenden Schimpfkanonaden gegen eines der genannten „Wutobjekte".

Erfahrungen zu diesem Spiel

Das Beispiel mutiger Kinder lockt nach einigen „Vorführungen" im Zuschauerkreis selbst scheinbar aggressionslose Kinder aus der Reserve und löst physische und psychische Blockaden.

Ein Staunen erfaßt die einzelnen Kinder, da sie niemals erahnte Reaktionen beim anderen erleben und sie als eigene wiedererkennen. Das gegenseitige Verstehen wächst.

Variation

Zwei Kinder stehen sich, getrennt durch einen großen Gummiballon, gegenüber. Auf ein Zeichen hin versuchen sie durch Einsatz aller Körperkräfte, den Ball in die gegnerische Richtung zu drücken. Günstig ist es, wenn sich zwei Kinder gegenüberstehen, die Streit miteinander hatten oder bei denen es Spannungen gibt. Das Drücken gegen den Ball soll durch Schimpfen, Stöhngeräusche oder Geheule begleitet werden.

Erfahrungen zu diesem Spiel

Die Kinder haben es gern, im Anschluß an den Wettkampf über ihre Gefühle zu sprechen:

– Es macht keinen Spaß zu drücken, wenn der Partner kräftemäßig unterlegen ist oder wenn er sich nicht anstrengt.
– Warum wurde ein bestimmter Partner ausgewählt?
– Welchen Grund für Ärger gab es?

8.1.5 Rangeln

Die Kinder lieben das Rangeln und Sich-Herumwälzen am Boden, wenn sie es als Spiel und Spaß erkennen.

Dabei bleibt in der Gegenwehr die spielerische Aggression erhalten ohne mögliche schädigende Folgen.

Lustbetonte Rangeleien aktivieren bei aggressiven und hyperaktiven Kindern ursprüngliches Kontaktverhalten.

Durch den übermütigen Ringkampf mit der Lehrkraft kommt es dazu, daß eben noch aktuelle Angriffstendenzen fast augenblicklich in ein von den Kindern ersehntes Zärtlichkeitsbedürfnis übergleiten.

8.1.6 Rutschpartien

Alte Pullover, Decken, Bettücher aus flauschigen Materialien eignen sich in hervorragender Weise für Rutsch- und Gleitübungen auf glatten Turnhallenböden.

Rollerfahren

Jedes Kind steht mit einem Fuß auf einer flauschigen Unterlage und läßt sich durch rhythmisches Abstoßen mit dem anderen Bein über den Boden gleiten.

Schlittschuhlaufen

Jedes Kind steht mit beiden Füßen auf seiner Unterlage. Durch kurze rutschende Schritte bewegt es sich nach vorne. Wer erreicht als erster die Ziellinie?

Paarlaufen

Je zwei Kinder stehen eng hintereinander mit jeweils einem Fuß auf ihrer Unterlage, den anderen stellen sie auf die Unterlage des Partners. Durch gleichzeitiges Vorwärtsschlurfen bewegen sie sich im Schlittschuhschritt.

Welches Paar wird Sieger?

Gruppenlaufen

Mehrere Kinder stehen nebeneinander, jeweils einen Fuß auf der Unterlage des Nachbarn – nur die Außenstehenden rutschen mit ihrem Außenfuß allein auf ihrer Unterlage.

Ein gemeinsamer Bewegungsrhythmus: rechts – links, rechts – links... läßt die Gruppe in Schwung kommen.

Schlittenfahren

Ein Kind sitzt, steht, liegt oder hockt auf seiner Unterlage und läßt sich von einem oder zwei Partnern durch den Raum ziehen.

8.1.7 Kampfstellung

Die Kinder bewegen sich im Raum. Jedesmal, wenn sich zwei begegnen, gehen sie ruckartig in Kampfstellung, stoßen einen kurzen Schrei aus und verharren ein paar Sekunden regungslos, während sie sich in die Augen sehen.

Variation

Begegnungen: Jedesmal, wenn zwei Kinder aufeinandertreffen, begrüßen sie sich mit Handschlag oder einer tiefen Verbeugung.

8.1.8 Raketenabschuß

Die Kinder legen sich auf glattem Boden mit angezogenen Knien (Rückenlage) an die Wand. Die Fußsohlen berühren die Wand. Mit einem kräftigen Stoß schießen sie sich in den Raum.

Variation

Seitenlage, Bauchlage, mit Rollbrettern; ein Partner, der mit seinen Füßen die Schulter des anderen berührt, läßt sich mitabschießen.

8.1.9 Fließband

Die Kinder liegen mit dem Gesicht nach oben in einer Reihe eng beieinander. Auf Kommando des Lehrers drehen sich alle Kinder nach rechts und bleiben auf dem Bauch liegen. Beim nächsten Kommando drehen sie sich weiter und bleiben wieder auf dem Rücken liegen. Sobald das gemeinsame Rollen klappt, darf sich ein Kind auf das „Fließband" legen. Wenn das Fließband rollt, wird das Kind weitertransportiert.

8.1.10 Luftballontanz

Besonders geeignet für Kinder mit taktiler Abwehr. Jeweils zwei Kinder stellen sich Rücken an Rücken und bewegen sich mit einem aufgeblasenen, eingeklemmten Luftballon nach langsamer Musik; zuletzt versuchen alle auf Kommando, den Luftballon platzen zu lassen.

Variation

Der Luftballon wird von beiden Seiten mit dem Po festgehalten. Die Partner bücken sich beide nach vorn.
(vgl. Vopel, 1991[2])

8.1.11 Hahnenkampf

Zwei Kinder versuchen sich, auf einem Bein hüpfend, gegenseitig umzustoßen – die Arme sind auf der Brust verschränkt.

8.1.12 Stierkampf

Zwei etwa gleich starke Kinder stehen sich Brust an Brust gegenüber. Ihre Arme sind seitlich ausgestreckt, die Finger ineinander verschlungen. Sie versuchen, durch Aneinanderpressen ihrer Körper sich gegenseitig hinter eine vorher abgesprochene Linie zu drängen.

8.1.13 Modetanz

Je zwei Kinder fassen sich an den Händen und versuchen sich gegenseitig auf die Füße zu treten. Sieger ist, wer drei Treffer für sich verbuchen kann.

8.1.14 Reaktionstest

Je vier Kinder sitzen sich an einem Tisch gegenüber. Ihre Hände liegen mit den Handflächen auf der Tischplatte. Die Spieler jeder Partei versuchen nun abwechselnd durch blitzschnelles Zuschlagen eine Hand der Gegenpartei zu treffen. Welche Seite hat die meisten Punkte?

8.1.15 Kraftprobe

Zwei Partner sitzen sich gegenüber – einer mit geschlossenen Knien, die der andere mit seine beiden Knien umfaßt. Der innen Sitzende versucht nun, seine Knie auseinanderzudrücken, während der äußere dagegenpreßt.

8.1.16 Reise um die Welt (altes Kinderspiel)

Die Kinder bewegen sich nach Anweisung (gehend, hinkend...) um eine doppelte Stuhlreihe herum (ein Stuhl weniger, als Kinder da sind). Beim Trommelschlag setzt sich jedes Kind auf einen Stuhl. Wer keinen Stuhl hat, scheidet aus.

8.1.17 Raupe

Etwa fünf Kinder stehen in einer Reihe hintereinander mit den Händen auf den Hüften des Vordermannes.
Jeder beugt die Knie und setzt sich auf die Knie des Hintermannes. Nun „gehen" alle vorwärts und rückwärts zum Lied „Ticke ti tack"

Der Tausendfüßler   G. Bächli

© Pelikan-Verlag

2. Aua hier ist die Tür verschlossen
und kein Platz zum Steh'n und Dreh'n
welch ein Verdruß, unser Tausendfüßler muß
nun mit allen tausend Füßen rückwärts geh'n
tiggedi... und jetzt fällt er um.

Einfache Variation
Die Kinder bewegen sich aufrecht gehend rhythmisch zum Takt des Liedes.

8.1.18 Robotertanz

Die Kinder stehen bewegungslos im Raum. Im Hintergrund spielt Musik. Der Lehrer macht nun irgendeine rhythmische Bewegung vor, z. B. klatscht er in die Hände. Die Roboter ahmen diese Bewegung nach. Dann fährt der Lehrer mit einer weiteren Bewegung fort: Er stampft mit dem rechten Fuß auf den Boden. Alle Roboter müssen nun auch diese Bewegung ausführen, ohne aber mit dem Klatschen aufzuhören. Es kommen immer wieder neue Bewegungen dazu, z. B. den Mund auf- und zumachen, mit dem Kopf nicken usw. Von Mal zu Mal wird es schwieriger, alle Bewegungen gleichzeitig auszuführen. Das Spiel ist zu Ende, wenn der Lehrer sagt: ... Die Roboter sind kaputt...

8.2 Zeitlupenübungen

Wenn das Kind genügend Brems- und Steuerungskräfte im Grobmotorischen entwickelt hat, kommen Behutsamkeitsübungen hinzu.
Behutsam die Eigenbewegungen zu steuern ist etwas, was vielen ungezügelten und steuerungslosen Kindern sehr schwerfällt. Sie müssen ihre Kraft genau dosieren lernen. Jede Bewegungsplanung muß bewußt kontrolliert und räumlich limitiert werden. Behutsame Bewegungen verlaufen langsam, vorsichtig und gezielt. Dadurch verfeinern sie das Steuerungs- und Orientierungsvermögen der betroffenen Kinder.
Bei solchen Zeitlupenübungen stoßen die Kinder, denen es keine Schwierigkeiten macht, Übungen so schnell wie möglich auszuführen, oft an die Grenze ihrer feinmotorischen Steuerungsfähigkeit.

8.2.1 Spiele mit Luftballons und Jongliertüchern

Allein das Verfolgen der lautlosen, langsamen Bewegungen und das Berühren des feinen, dünnen Materials dieser Spielobjekte beeinflußt oft schon in positivem Sinn das Verhalten unruhiger Kinder. Unterstützt wird die beruhigende Wirkung im Umgang mit Luftballons und Chiffontüchern durch leise getragene Musik.

Spielanregungen

Kampf um einen Luftballon in slow motion

Zwei Kinder oder auch zwei Gruppen stehen sich gegenüber und „kämpfen" in Zeitlupentempo um einen Luftballon. Besonders geeignet sind hierzu Riesenluftballons, die in ihrem Flug noch langsamer sind als die handelsüblichen kleinen Ballons.

Spuk um Mitternacht

Die „Geister" treffen sich zu einem Tanzfest. Sie spielen mit Luftballons und bewegen sich dabei ganz langsam. Sie setzen verschiedene Körperteile zum Hochspielen der Luftballons ein (Zeigefinger, Handfläche, Kopf, Ellenbogen, Knie, Fußspitze, Oberschenkel); sie balancieren die Luftballons auf der Fingerspitze, Handfläche; sie tragen den Ballon zu einem bestimmten Platz, ohne ihn festzuhalten; sie versuchen gemeinsam, einen einzigen Riesenballon durch sanftes Hochstoßen so lange wie

möglich in der Luft zu halten; zwei Geister tanzen mit einem Ballon, ohne ihn mit den Händen zu berühren.

Jongliertücher schweben lassen

Wer kann ein Jongliertuch möglichst lange in der Luft schweben lassen? Wir zählen die Sekunden des Fluges.

Variation

Mehrere Kinder lassen gleichzeitig ihre Jongliertücher zu Boden schweben. Wessen Tuch ist am längsten in der Luft?

8.2.2 Clown Bobos Kunststücke

Wer kann sich so langsam wie möglich auf einen Stuhl setzen?
Wer kann so langsam wie ein Jongliertuch zu Boden schweben?
Wer kann so langsam wie möglich ein Bonbon auswickeln und in den Mund stecken?
Wer balanciert ganz vorsichtig über ein Seil? (gedachte Linie)
Wer kann langsam vom Boden aufstehen, ohne sich mit den Händen abzustützen?
Wer kann einen wertvollen, zerbrechlichen Schatz tragen?
Wer kann einen Medizinball möglichst nahe an eine Flasche rollen, ohne sie umzustoßen?

Wer streichelt ein süßes, kleines Tier und nimmt es behutsam auf den Arm?

Je zwei Kinder setzen sich Rücken an Rücken auf den Boden, die Knie stark angewinkelt, die Arme ineinandergehakt. Preßt eure Körper eng aneinander, und versucht aufzustehen.

Wer kann eine schwere Eisenstange mit Gewichten links und rechts hochheben?

Ihr seid auf dem Mond gelandet und könnt euch in den Raumanzügen nur ganz langsam bewegen.

Wir sind mit den Füßen im Schlamm steckengeblieben und kommen nur langsam vorwärts.

Wir waten durch seichtes Waser, – das Wasser ist knietief. – Es reicht uns bis zur Hüfte. – Es reicht uns bis zur Brust. – Es reicht uns bis zum Hals. – Es reicht uns bis zur Nasenspitze.

Wir sind in einem dunklen Raum und tasten uns zum Lichtschalter vor.

Wir machen Seifenblasen und versuchen, eine Seifenblase mit der Hand aufzufangen, ohne daß sie platzt.

Kannst du gehen wie Charly Chaplin?

Charly Chaplin geht nun rückwärts. – Wenn sein rechtes Bein einen Schritt zurück macht, dann schwenkt er gleichzeitig seinen rechten Arm nach hinten. – Wenn sein linkes Bein nach rückwärts geht, dann schwenkt er auch seinen linken Arm nach hinten. – Wer kann das?

8.2.3 Aufwecken mit Kerze

Die Kinder sitzen mit geschlossenen Augen im Kreis.

Der Lehrer hält vorsichtig eine brennende Kerze nah an das Gesicht eines Kindes, bis dieses die Kerzenwärme spürt.

Es öffnet die Augen und ist „aufgewacht".

8.2.4 Gänseblümchen

Es ist früh am Morgen, die Gänseblümchen haben ihre Blüten noch fest geschlossen.

Stellt euch hin, und haltet eure Hände und Arme wie eine lange spitze Tüte über euren Kopf. – Nun kommt die Sonne und die Blüten entfalten sich. – Breitet eure Arme ganz langsam nach der Seite aus, – haltet die Arme eine Weile in dieser Stel-

lung. – Es wird Abend, – die Blüten schließen sich wieder ganz langsam.

8.2.5 Spielzeug zum Aufziehen

Jedes Kind stellt ein Spielzeug dar, das man aufziehen kann. (Wackelente, Trommler, Roboter...)

Der Lehrer gibt das Startsignal, und die Spielzeugsammlung erwacht zum Leben. Allmählich werden die Bewegungen langsamer und langsamer, bis das Laufwerk abgespult ist und jedes Kind regungslos stehenbleibt (vgl. Vopel, 1991[2]).

8.2.6 Stoffpuppe

Jeder sucht sich einen Partner. Einer legt sich auf den Boden, der andere sitzt daneben. Das liegende Kind schließt die Augen und atmet langsam und tief.

Laß deinen Atem bis in die Zehenspitzen strömen. – Jetzt laß deinen Atem in die Beine strömen. – Laß deinen Atem in den Bauch strömen. – Laß deinen Atem bis in die Fingerspitzen strömen. – Spüre, wie dein Körper am Boden aufliegt. – Laß deinen Körper ganz locker. – Der Partner hebt nun langsam und vorsichtig einen Arm und legt ihn ebenso vorsichtig wieder ab, – jetzt den anderen Arm. – Er hebt ein Bein hoch – und legt es wieder ab, – das andere Bein. – Er hebt den Kopf hoch – vorsichtig ablegen! – Jetzt fangen die Kinder, die liegen, an, selbst ihre Glieder zu bewegen, – setzen sich auf – und stehen schließlich auf.

Nach dem Partnerwechsel wird das Spiel wiederholt.

8.3 Führen und Folgen

Unter dieser Bezeichnung werden Spiele zusammengefaßt, die sowohl die Sensibilisierung unterschiedlicher Wahrnehmungsbereiche als auch soziale Anpassungsfähigkeit zum Ziel haben. Zwei Spielpartner sprechen sich ab, wer der Führende sein und wer sich führen lassen will. (Später findet ein Rollentausch statt.)

Der „Folgende" schließt die Augen oder bekommt

eine Augenbinde und soll von seinem Partner behutsam durch den Raum geführt werden, so daß er weder mit Gegenständen noch mit anderen Paaren zusammenstößt. Die wichtigste Spielregel heißt:

Führe deinen Partner so behutsam, daß er keine Angst haben muß, sich zu verletzen, sondern das Spiel genießen kann. Versuche, dich in den anderen hineinzudenken.

8.3.1 Einen Blinden führen

Variationen

Den Partner mit der eigenen Stimme führen, wie summen, sprechen, pfeifen...

Den Partner mit Hilfe von Geräuschen führen, wie Glöckchen, Schlüsselbund, zwei Stäbe aufeinander klopfen...

Den Partner durch Berühren der Handflächen, später nur der Fingerspitzen, führen...

Die Hand des Partners mit Stift über ein Blatt Papier führen...

Den Partner an der Hand durch den Raum führen und dabei verschiedene Gegenstände betasten, riechen oder auch hören lassen. Keiner sollte sprechen. Diese Übung kann auch im Freien durchgeführt werden: Gräser, Blumen, Blätter, die Rinde eines Baumstammes, Kieselsteine usw. soll der „blinde" Partner mit seinen Sinnen erkunden. Den Partner an der Hand durch den Raum führen und bestimmte Einrichtungsgegenstände betasten lassen. Nach der „Führungsrunde" wird die Augenbinde abgenommen und derselbe Weg nochmals allein nachgegangen.

Den Partner in einer klar strukturierten Bahn durch den Raum führen, z.B. im Halbkreis, im Zick-Zack-Kurs, im Kreis, in Herzform oder in Wellenlinien. Am Ende der Strecke öffnet der Partner die Augen, geht zum Ausgangspunkt zurück und spurt den Weg mit geöffneten Augen nach. Anschließend zeichnet er seinen Weg an die Tafel.

8.3.2 Nebel im Hafen

Ein großes fremdes Schiff nähert sich der Hafeneinfahrt.

Es herrscht dichter Nebel über dem Meer. Die Kinder stellen Schiffe dar, die im Hafen verteilt ankern.

Ein Kind mit verbundenen Augen spielt das große einfahrende Schiff. Es wird akustisch bis zu seinem Ankerplatz an der Wand geleitet:

Immer wenn es einem ankernden Schiff zu nahe kommt, ertönt zur Warnung dessen Nebelhorn – ein tiefes „Tuuut".

Sobald es durch Richtungsänderung die Gefahrenstelle passiert hat, verstummt das Warnsignal.

Stößt es aber mit einem vor Anker liegenden Schiff zusammen, so müssen beide Schiffe untergehen, und das Spiel ist zu Ende.

8.3.3 Blindlandung

Ein Flugzeug hat in dichtem Nebel auf der Landebahn aufgesetzt. Nun muß es durch Warnanlagen, die links und rechts der Rollbahn angebracht sind, sicher zum Haltepunkt gebracht werden.

Ein Kind mit verbundenen Augen spielt den Piloten, die anderen stellen sich etwa 50 cm voneinander entfernt in zwei Reihen als Rollbahnbegrenzung auf.

Sie signalisieren dem „blinden" Piloten durch laute Summtöne, wann er ihnen gefährlich nahe kommt. Das Spiel ist zu Ende, wenn das Flugzeug die gesamte Landebahn durchrollt hat oder wenn es durch eine Berührung mit der Begrenzung „verunglückt" ist (vgl. Böschemeyer, 1977).

9. Konzentrationsübungen

Viele Kinder, die durch ihre ständige Unruhe als unkonzentriert oder konzentrationsschwach auffallen, haben bei genauem Hinsehen tiefgehende Schwächen im Bereich der visuellen oder auditiven Wahrnehmungsfähigkeit.

Die Förderung dieser Wahrnehmungsbereiche bildet eine Basis für das Lernen in der Schule, ist aber auch eine bedeutsame pädagogische Maßnahme für das Lernen überhaupt.

9.1 Übungen mit optischen Konzentrationsinhalten

Die Förderung des visuellen Gedächtnisses verbessert die Fähigkeit, sich auf ein inneres Vorstellungsbild zu konzentrieren.

9.1.1 Eidetische Übungen

Rennbahn

Ich zeige euch eine große, weiße Pappe, auf der eine Rennbahn aufgezeichnet ist. Schaut euch die Rennbahn (liegende Acht) an, und fahrt mit offenen Augen von einer Schleife zur anderen, hin und her.

Schließt die Augen, und wiederholt diese Übung so lange, bis die „Rennbahn" verschwunden ist. Während des Hin- und Herfahrens mit den Augen bewegen sich die Augäpfel unter den geschlossenen Augenlidern. Der Kopf darf sich ein bißchen mitbewegen.

Bildbetrachtung

Die Kinder haben zwei Minuten Zeit, sich den Inhalt eines Bildes aus ihrem Lese- oder Sachkundebuch einzuprägen. Dann sollen sie bei geschlossenen Büchern Fragen beantworten. Im Erstunterricht erweist es sich als günstig, wenn die Kinder nach jeder Frage ihre Antwort kontrollieren können, z. B.: Welche Farbe hat die Hose auf der Wäscheleine?

Sobald jedes Kind seine Meinung geäußert hat, heißt es: Schaut im Buch nach!

Ältere Kinder beantworten am besten schriftlich eine Reihe von Fragen und kontrollieren dann gemeinsam ihre Aufzeichnungen.

Achtung Aufnahme!

Der Lehrer zeigt den Kindern mit einem Projektor für 10 Sekunden ein Bild. Die Kinder sollen ein „Foto" davon machen. Anschließend schreiben oder zeichnen sie, was sie mit ihrem inneren Auge sehen.

Wer kann am meisten aufzählen?

Variation

Figuren merken (vgl. Schottenloher, 1989[2]). Die Kinder werden aufgefordert, sich etwa 1 Minute lang auf eine bestimmte Figur zu konzentrieren, um sie sich einzuprägen (Tafelzeichnung oder Projektor).

Anschließend sollen sie sich mit geschlossenen Augen dieselbe Figur vorstellen.

Nun öffnet die Augen, und vergleicht euer inneres Bild mit dem Muster. – Schaut die Figur noch einmal genau an. – Zeichnet sie jetzt aus dem Gedächtnis!

Hüpfender Ball

Der Lehrer wirft einen kleinen bunten Vollgummiball auf den Boden. Die Kinder verfolgen dessen Sprünge mit den Augen, bis er ruhig liegen bleibt.

Versucht nun mit geschlossenen Augen, euch das Gehüpfe vorzustellen: runter, rauf, runter, rauf – aus.

Die Augäpfel bewegen sich entsprechend unter den geschlossenen Augenlidern.

Variation

Ein aufgeblasener Luftballon wird losgelassen. Sein Raketenflug wird mit den Augen verfolgt.

9.1.2 Visuomotorische Koordination

Störungen in diesem Bereich zeigen sich in einer verkrampften Stifthaltung oder in einer schlechten Schrift; Zeichen, Kästchen oder Ränder können nicht eingehalten werden; beim Ausmalen fahren die Kinder oft mit den Stiften über die Begrenzung hinaus; beim Basteln, Schneiden und Aufsammeln kleiner Dinge werden Schwierigkeiten deutlich; die Zunge führt beim Schreiben und Malen Mitbewegungen aus; auffallend langsames, aber auch zu schnelles Schreiben können auf eine Beeinträchtigung der Hand-Auge-Koordination hinweisen. Die Kinder versuchen auf diese Weise, ihre Schwäche zu verschleiern.

Übungen zur visuomotorischen Koordination:

Einen frisch aufgeblasenen Luftballon loslassen und seinen Weg mit dem Finger verfolgen

Einen Lichtkegel im verdunkelten Raum mit dem Finger verfolgen

Einen Lichtkegel mit einer zweiten Taschenlampe zu fangen versuchen

Autorennen

Auf einem Blatt sind Straßen aufgezeichnet

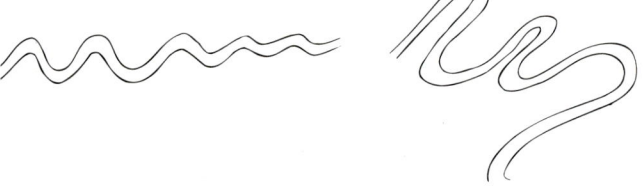

Das Kind soll mit Buntstiften auf der Straßenmitte fahren

Magnetspiel

Ein Magnetkäfer fliegt auf einer vorgezeichneten Spur zu einer Blume (Pappkarton oder bei stärkerem Magnet auch die Tischplatte).

Variation

Magnethund rennt zu seiner Hütte

Hungrige Mäuse

Am Anfang längerer Wollfäden sitzen „Mäuse" (festgeknotete Perlen). Am Ende jedes Fadens ist ein Bonbon befestigt. Die Fäden bilden ein Netz sich überschneidender Linien.
Welches Bonbon gehört zu welcher Maus?

Variation

Dasselbe auf Papier aufgezeichnet nachspuren lassen. Dabei muß auf die Einhaltung der Schreibrichtung geachtet werden.

Zielwerfen

Kegelspiele

Bleistiftkino

Ein längs halbierter Schreibmaschinenbogen wird gefaltet (Abb.) Mit dickem Stift zeichnet man auf die untere Blatthälfte einen Kasperl mit ausgestreckten Gliedern. Kopf und Körper werden auf die obere Blatthälfte durchgepaust, die Glieder aber müssen an den Körper angelegt gezeichnet werden. Mit einem Bleistift rollt man das obere Blatt schnell auf und ab:
Der Kasperl hampelt!

9.1.3 Figur-Grund-Unterscheidung

In jeder Klasse gibt es Kinder, die dadurch auffallen, daß sie sich auf einer Buchseite nicht zurechtfinden können.
Sie verlieren die Zeilen oder finden sie nicht wieder.
Andere haben Schwierigkeiten beim Abschreiben von der Tafel. Der ständige Wechsel der Blickrichtung nah – fern, die Anpassung der Linse an die

jeweilige Entfernung erschwert Kindern mit einer Schwäche in der Figur-Grundwahrnehmung das „Heraussehen" einzelner Satz-, Wort- und Buchstabengestalten vom Tafelhintergrund. Beeinträchtigungen in der Figur-Grund-Unterscheidung wirken sich auf die Konzentration und Aufmerksamkeit aus.

Übungen zur Figur-Grund-Unterscheidung

Ein Training der Figur-Grund-Unterscheidung soll die Fähigkeit der Kinder verbessern, ihre Aufmerksamkeit in angemessener Weise zu lenken, sich auf wesentliche Reize zu konzentrieren und unwesentliche Reize nicht zu beachten.

Kimspiele

Unter einer Decke liegen verschiedene Gegenstände. Die Decke wird für einen Moment gelüftet. Wer hat sich die Dinge gemerkt?

Variationen

Die Anordnung oder Anzahl der Dinge wird verändert.
Ein Kind wird aus der Klasse geschickt. Die anderen sollen eine genaue Beschreibung der Kleidung geben.
Die Kinder schließen die Augen, während der Lehrer im Zimmer allerlei verändert ... Was ist anders?

Ballregen

Viele verschiedene Bälle werden von einer Gruppe von Kindern hochgeworfen. Die andere Gruppe darf jeweils nur bestimmte Bälle auffangen (z. B. alle grünen Bälle).

Bilder vergleichen – Suchbilder

Figuren ergänzen – Punkte, Zahlen mit Linien verbinden

Achtung, Aufnahme!

Über den Tageslichtprojektor ein Bild zeigen – zwei Sekunden. Die Kinder müssen das Gesehene wiedergeben.

9.1.4 Formkonstanzbeachtung

Auffälligkeiten im Bereich der Formkonstanzbeachtung zeigen sich, wenn optisch ähnliche For-

men wie m n r, l f t leicht verwechselt werden. Buchstaben in unterschiedlicher Größe werden nicht als dieselben wiedererkannt. Das Wiedererkennen und Heraussuchen bestimmter Buchstaben aus Wörtern (Texten) ist erschwert.

Übungen zur Formkonstanzbeachtung

Auch hier kommt es darauf an, Einzelmerkmale wahrzunehmen, miteinander in Beziehung zu setzen, zu zentrieren und das Ergebnis mit anderen Formen zu vergleichen. Das ist eine wichtige Voraussetzung für das Erfassen von Buchstaben. Die Kinder müssen lernen, eine Form auch dann wiederzuerkennen, wenn sie andersfarbig oder in einem anderen Zusammenhang oder in einer anderen Größe dargeboten wird.

Was fliegt denn da?

Hier müssen Formen in der Bewegung erkannt werden.
Der Lehrer wirft z. B. ein Logema-Dreieck in die Luft und fängt es wieder auf. Wer hat die Form erkannt?

Variationen

Gleichzeitiges Hochwerfen von zwei verschiedenen Formen.
Zahlen- und Buchstabenschablonen werden hochgeworfen.
Erkennen der Formen in zusammengesetztem Figuren-Tangram.
Formen nachlegen mit Stäben, Plättchen ...
Auf einem Nagelbrett Figuren mit Gummibändern spannen – nach Vorlage oder nach Diktat.

9.2 Übungen mit akustischen Konzentrationsinhalten

Eine Folge der ständigen Berieselung durch akustische Medien ist das bei Kindern oft beobachtete „Abschalten der Ohren", das als Schutzfunktion dient. Das Unvermögen vieler Kinder, bei normalem Geräuschpegel die Anweisungen des Lehrers zu verstehen, hat u. a. in diesem „Abschalten" seine Ursache.

9.2.1 Nichtverbales Hörtraining

9.2.1.1 Stille Übungen

Blumenmeditation

Die Kinder sitzen schweigend um eine besonders schöne Blüte, zunächst eine Minute, später kann die Übung auf ein paar Minuten ausgedehnt werden. Das „Stillsein" wird mit dem Kassettenrekorder aufgenommen und anschließend abgespielt: Ist es wirklich ganz still gewesen?

Variation

Ein Stein oder ein blühender Zweig bilden den Ruhepunkt. Der Gegenstand wird schweigend im Kreis herumgegeben.

Meister der Selbstbeherrschung (Lotussitz)

Wer kann am längsten still sitzen, ohne sich zu bewegen?

Indianerkinder

Indianerkinder lernen es schon in der Schule, sich möglichst lange reglos zu verhalten. Wer kann am längsten bewegungslos auf seinem Stuhl sitzen?

Kerzenmeditation

Schau in das Licht der Kerze – schließe deine Augen soweit, daß nur noch ein kleiner Spalt offen bleibt – du siehst das Licht strahlen – bewege dabei deinen Kopf leicht hin und her.

9.2.1.2 Geräusche und Töne bewußt wahrnehmen, benennen und unterscheiden

Klopfen an verschiedene Gegenstände
Geräusche innerhalb und außerhalb des Zimmers wahrnehmen
Gegenstände auf den Boden fallen lassen
Hörlotto
Geräuschefolgen; selbst Geräuschegeschichten erfinden
Instrumentenfolgen merken, nachspielen und aufzeichnen, z. B.

△ △ ▢ ◯ ◯ ◯

Triangel △   Holzblocktrommel ▢   Trommel ◯

Eine Zahl oder einen Buchstaben an die Tafel schreiben
Die Kinder haben die Augen geschlossen und erraten Zahl oder Buchstaben nach dem Geräusch

9.2.1.3 Reagieren auf Geräusche und Töne

Nach Trommelstärke laut oder leise gehen
Langsam oder schnell zum Takt des Tamburins gehen
Eine Folge von kurzen und langen Tönen mit Strichen an die Tafel malen
Eine Strichfolge wird abgespielt oder abgesungen
Tonhöhen mit dem eigenen Körper erfassen: zuerst nur einen tiefen Ton, einen mittleren und einen hohen Ton spielen.
Die Kinder stellen durch Hocken, Aufrichten und Strecken die Tonhöhe dar. Nach einiger Übung kann die auf- und absteigende Tonleiter dargestellt werden, später auch einfache Lieder.

Akustische Zeichen in Bewegung umsetzen

Ihr dürft im Raum langsam herumgehen. Wenn ich einmal auf meine Trommel schlage, setzt ihr euch auf den Stuhl. Wenn ich zweimal schlage, setzt ihr euch auf den Tisch, und wenn ich dreimal schlage, setzt ihr euch unter den Tisch.

9.2.1.4 Geräusche und Töne lokalisieren, Richtungshören

Mit geschlossenen Augen die Richtung einer Schallquelle erkennen: Ein Kind bewegt sich mit der Handtrommel im Raum, die anderen zeigen auf die Stelle, woher das Geräusch kommt.

Spiel

Die Kinder sitzen oder stehen im Kreis mit geschlossenen Augen. Ein Spieler geht leise um den Kreis (eventuell Glöckchen oder Schellenband befestigen) und bleibt hinter einem Kind stehen. Bei wem? Anzeigen durch Handheben.

Eckenraten

Vier Kinder stellen sich in je eine Ecke des Raumes und erzeugen nacheinander Geräusche (Husten, Lachen, Stampfen, Schnalzen...); die anderen haben die Augen geschlossen und zeigen auf die Ecke, aus der das Geräusch kommt.

Hofhund

Die Kinder sitzen im Kreis. In der Mitte hockt der „Hofhund" mit verbundenen Augen und bewacht einen Schlüsselbund. Ein Kind versucht, den Schlüsselbund zu stehlen.

9.2.2 Verbal-akustisches Hörtraining

Kuckucksei finden

Der Lehrer zählt z.B. eine Reihe Tiernamen auf; plötzlich nennt er ein „Kuckucksei", z.B. ein Werkzeug. Wer das nicht in die Reihe passende Wort zuerst hört, steht schnell auf.
Wer ist der Sieger?

Buchstaben heraushören

Wir suchen einen Buchstaben, z.B. „A". Sobald dieser Laut in einem vom Kasperl langsam gesprochenen Wort vorkommt, nehmen sich die Kinder schnell das Buchstabenkärtchen (Setzkasten) und halten es hoch.

Kasperl lernt Chinesisch

Der Lehrer spricht dem Kasperl immer ein Wort vor, und er muß es nachsprechen. Wenn er es richtig macht, klatschen die Kinder in die Hände, wenn er es falsch nachspricht, schütteln die Kinder den Kopf.

Lehrer: zing   Kasperl: zing
Lehrer: bam   Kasperl: kam

Anfang – Mitte – Schluß?

Die Stellung des Lautes im Wort herausfinden
Der Lehrer spricht z.B. Wörter mit „T":

T o n n e
K e t t e
B e t t

Die Kinder kennzeichnen auf einem Arbeitsblatt die Stellung des Lautes durch Ankreuzen des zugeordneten Kästchens.

vorne   Mitte   hinten

☐   ☐   ☒
Bett

Anzahl der Wörter heraushören

Die Gretel diktiert dem Kasperl einen Brief an die Oma:
„Liebe Oma!
Heute bin ich müde..."
Die Kinder „schreiben" so viele Kringel, wie der Satz Wörter beinhaltet,

z.B. ○ ○
    ○ ○ ○ ○

Anzahl der Laute heraushören

Kasperl lernt schreiben.
Gretel diktiert: Gute Oma
Kasperl schreibt: xxxx xxx

Ähnlich klingende Wörter

Ali lernt Deutsch.
Der Lehrer spricht vor: Kirche
Ali, eine Kasperlpuppe, spricht nach: Kirche
Die Kinder klatschen.
Der Lehrer spricht vor: Mund
Ali spricht nach: Mond
Die Kinder schütteln den Kopf.

Heraushören von Wörtern

Der Lehrer erzählt eine Geschichte. Immer wenn das Wort „Apfelkuchen" vorkommt, nehmen sich die Kinder ein Muggelsteinchen: „Heute kommt Besuch. Meine Mutter will einen Apfelkuchen bakken. Sie überlegt: Was brauche ich für meinen Apfelkuchen...?"

Heraushören von Buchstaben

„Bello, der kleine Hund, sagt euch, worauf er Appetit hat." Der Lehrer hält eine Handpuppe und nennt den Schülern einen bestimmten Laut, auf den sie achten sollen.

Bello spricht eine Anzahl von Wörtern vor. Sobald die Schüler hören, daß ein Wort nicht den angegebenen Laut enthält, heben sie eine Hand hoch. Beispiel für den Anlaut P: Paprika, Pantoffel, Putenwurst, Pastete, Peter, Perlen, Putenschenkel, Pusteblume, Piratenwurst, Pinguinbraten.

Variation
Übung mit Endlauten

Reihenfolgen einhalten
Bello versteht alles.
Ausführen verbaler Anweisungen.
Er befolgt genau die Anweisungen seines Herrchens bzw. seines Frauchens.
„Hör gut zu und warte ab, bis ich fertig bin:
Steh auf, klatsche zweimal in die Hände, hüpfe viermal mit beiden Füßen, klopfe dreimal mit der rechten Hand auf den Tisch, und setz dich wieder hin!"
Hinweis: Längere Anweisungen werden zuerst von den Kindern wörtlich wiederholt.

Achtung Durchsage!
Über die Lautsprecheranlage des Klaßzimmers werden den einzelnen Schülern Arbeitsaufträge erteilt. Die Anweisungen spricht am besten ein Kollege, damit die Lehrkraft die Reaktion der Kinder beobachten kann.

Zeichnen nach Diktat
Material: kariertes Papier, Bleistift
Der Lehrer oder ein Schüler arbeitet verdeckt an der Tafel, um eine anschließende Kontrolle zu ermöglichen.
Beispiel: Ziehe einen Strich über 3 Kästchen nach rechts stop ein Kästchen nach oben stop drei Kästchen nach rechts stop drei nach unten stop usw.

Variation
Diagonale Linien einbauen

Hör gut zu und zeichne!
Der Lehrer gibt eine einfache Bildbeschreibung, während die Schüler mit geschlossenen Augen zuhören. Eine kurze Pause nach jeder Bildsequenz ermöglicht den Kindern das Visualisieren der Ausschnitte.

Du siehst ein Haus mit zwei Fenstern, einer Tür und einem Kamin, aus dem Rauch aufsteigt. – In den Fenstern stehen Blumen, – links neben der Haustüre lehnt ein Besen. – Links neben dem Haus sieht man einen Gartenzaun, – dahinter wächst eine große Sonnenblume. – Rechts neben dem Haus steht ein Apfelbaum. – Auf der Wiese zwischen Haus und Baum spielt ein Kind mit einem Hund. – Ein Vogel fliegt über das Haus zu seinem Nest im Apfelbaum.
Nimm deinen Stift und zeichne!

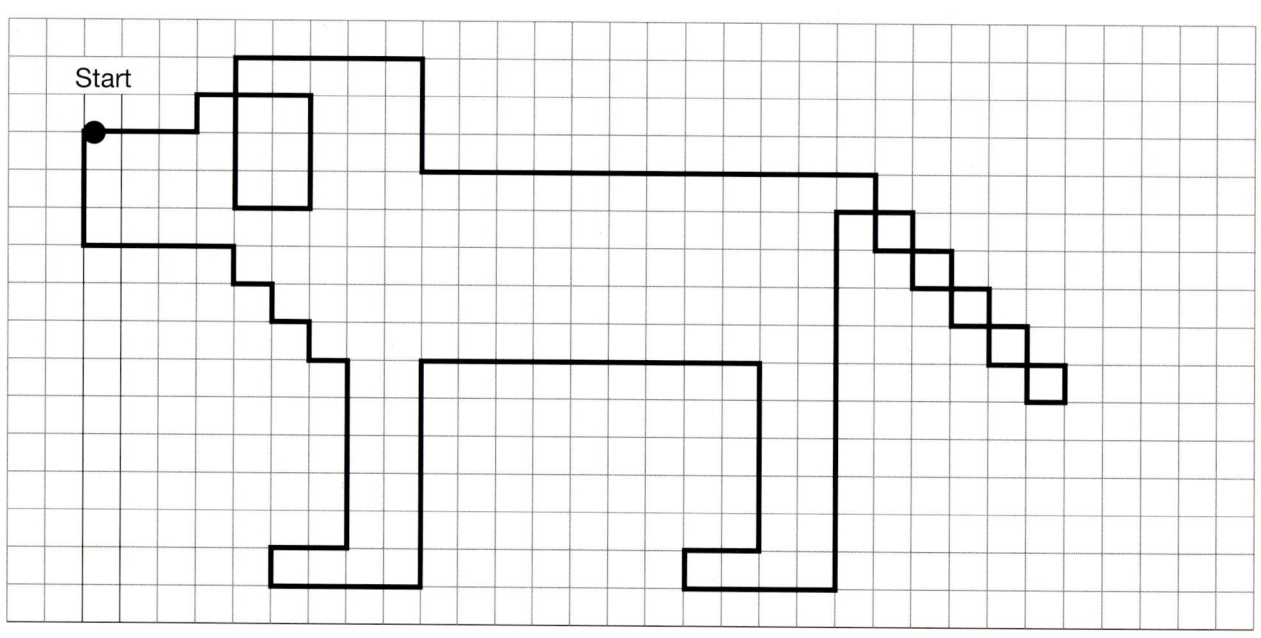

Regieanweisungen für kurze Spielszenen

Du machst ein Mittagsschläfchen, da klingelt das Telefon. Du reagierst unwillig, drehst dich auf die andere Seite und hältst dir die Ohren zu. Es klingelt weiter. Mißmutig stehst du auf, gehst zum Telefon, nimmst den Hörer ab. – Dein Gesicht hellt sich auf. – Du sprichst ein paar Worte, legst den Hörer auf und hast es plötzlich sehr eilig fortzugehen.

Du bist ein Clown, der lächelnd die Bühne betritt und nach allen Seiten mit einer tiefen Verbeugung die Zuschauer begrüßt. – Du setzt dich so langsam wie möglich auf einen Stuhl und machst es dir bequem. – Plötzlich mußt du niesen, einmal, zweimal, dreimal, – umständlich kramst du ein Taschentuch aus deiner Hosentasche, willst dir die Nase putzen und fängst ganz fürchterlich zu schluchzen an. – Du schaust kurz auf und siehst in der Ecke zwei Bälle liegen. – Du lachst, putzt dir mit dem Ärmel die Nase ab, steckst dein Taschentuch weg, stehst auf und holst dir die Bälle. – Lächelnd führst du ein kleines Kunststück vor, verbeugst dich und gehst.

Kofferpacken (altes Kinderspiel)

Ein Schüler beginnt: „Ich will verreisen. Ich packe ein Hemd in meinen Koffer."
Der nächste wiederholt den Satz und fügt einen Gegenstand dazu: „Ich packe ein Hemd und eine Hose in meinen Koffer." Jeder muß etwas mitnehmen. Das Spiel wird so lange fortgesetzt, bis die Kinder nicht mehr alles in der richtigen Reihenfolge wiederholen können.

Variationen

Jeder muß etwas mitnehmen, was mit demselben Buchstaben beginnt.
Tiere, die ich im Tierpark gesehen habe.
Fahrzeuge, die auf der Autobahn unterwegs sind.

Welches Geräusch paßt nicht dazu?

Die Kinder sollen aus einer Geräuschegruppierung das Geräusch herausfinden, das nicht dazu paßt. Die Geräusche kann der Lehrer selbst vormachen oder vom Band abspielen: Hundegebell, Katzengejammer, *Hupe*, Löwengebrüll
Weitere Gruppierungsvorschläge:

Verkehrsgeräusche
Motorrad, Fahrradklingel, Polizeisirene, *Muhen einer Kuh*

Geräusche, die mit dem Körper oder mit der Stimme erzeugt werden können
Klatschen, *aufgedrehter Wasserhahn*, Niesen, Naseputzen
Schmatzen, Lachen, Singen, *Glockengeläute*
Schreien, *Feuerwehr*, Weinen, Schimpfen

Instrumente
Trommel, Triangel, *Papier zerreißen*, Xylophon

Geräusche-Kim

Das Erkennen und Unterscheiden von vertrauten Geräuschen ist eine Gedächtnisübung, die das auditive Wahrnehmungsvermögen fördert und den Schüler zwingt, die Geräusche richtig zu benennen.
Die Kinder hören sich eine Reihe bekannter Geräusche an und schreiben dann auf, was sie sich gemerkt haben.
Z. B. Polizeisirene, Rasseln eines Weckers, Schlüsselgeklapper, Bienengesumme, Wiehern eines Pferdes, Klingeln des Telefons, Hundegebell, Quaken eines Frosches, Glöckchen, Miauen einer Katze.

Sieger ist, wer sich die meisten Geräusche merken konnte. Schwierigkeitssteigerung: Wer kann die Geräusche in der richtigen Reihenfolge wiederholen?

Variation

Eine Anzahl verschiedener Orff-Instrumente wird nacheinander zum Klingen gebracht, während die Kinder mit geschlossenen Augen zuhören.
Wer kann die Instrumente in der richtigen Reihenfolge bespielen?

9.3 Koordination visueller, akustischer und motorischer Eindrücke

9.3.1 Clownspiele: Bewegungen nachahmen

Der Lehrer oder ein Schüler setzt sich einen roten Schaumstoffball auf die Nase und führt in rascher Folge verschiedene Gesten vor. Die Kinder warten ab, bis alle vier, fünf oder mehr Bewegungen ausgeführt worden sind, und versuchen dann, sie in der ursprünglichen Reihenfolge nachzuahmen.

Beispiel für eine Folge:

Den Kopf schütteln,
zweimal in die Hände klatschen,
mit dem rechten Fuß stampfen,
mit dem linken Fuß stampfen,
Sprung in die Grätsche,
die Arme nach beiden Seiten ausstrecken.

9.3.2 Clown Bobos Morgengymnastik

Sieben Kinder stehen im Kreis. Ein Kind beginnt mit Bobos Bewegungen, die er jeden Montag nach dem Aufstehen ausführt, z.B. einmal kräftig gähnen. Das nächste Kind wiederholt diese Geste und fügt eine weitere für dienstags hinzu: sich dehnen und strecken.

Beispiel für eine Übungsreihe:

montags: gähnen
dienstags: gähnen, dehnen und strecken
mittwochs: gähnen, dehnen und strecken, drei Kniebeugen
donnerstags: gähnen, dehnen und strecken, drei Kniebeugen, rechter Arm als Windmühle
freitags: gähnen, dehnen und strecken, drei Kniebeugen, rechter Arm als Windmühle, linker Arm als Windmühle
samstags: gähnen, dehnen und strecken, drei Kniebeugen, rechter Arm als Windmühle, linker Arm als Windmühle, beide Arme als Windmühle
sonntags: gähnen, dehnen und strecken, drei Kniebeugen, rechter Arm als Windmühle, linker Arm als Windmühle, beide Arme als Windmühle, hinlegen und ausruhen

9.3.3 Singspiele
„Was is heit für'n Tag?"

Aus: Bromberger, R.: Der Bettelmusikant.

Was ist heit für'n Tag? Heit is Mon - tog! Heit is Knö - del - tog!

Wenn alle Montog Knö-del-tog wär, wär'n ma lust'-ge Leit, ju-che,

wenn alle Montog Knö-del-tog wär, wär'n ma lust'-ge Leit.

2. Dienstog – Nudeltog   5. Freitog – Fasttog
3. Mittwoch – Strudeltog   6. Samstog – Zahltog
4. Donnerstog – Fleischtog 7. Sonntog – Bet-tog

(Ab: „Wenn alle Montog Knödeltog, Dienstog Nudeltog" ...
werden alle vorher genannten Tage wiederholt!)

Die Liedstrophen werden pantomimisch begleitet:

Bei „Knödeltog" – Knödel formen,
bei „Nudeltog" – eine Nudelpresse drücken,
bei „Strudeltog" – Teig ausrollen
bei „Fleischtog" – mit Messer und Gabel essen,
bei „Fasttog" – die Hand auf den Magen halten,
bei „Zahltog" – Daumen und Zeigefinger aneinander reiben,
bei „Bettog" – Hände falten.

Reime, Abzählverse und Singspiele bieten viele Möglichkeiten für Bewegungsübungen. Bekannte Kinderlieder wie „Mein Hut, der hat drei Ekken..." oder „Ein kleiner Matrose" eignen sich für Gebärden und pantomimischen Ausdruck.

Beispiel

Ein (mit dem Daumen die Zahl 1 anzeigen) kleiner (mit Daumen und Zeigefinger die Winzigkeit betonen) Matrose (einen Daumen hochheben) umse-gelte (Kreisbewegung mit einer Hand) die Welt (mit beiden Händen eine Kugel formen).

Er liebte (Handkuß) ein Mädchen (mit beiden Händen einen Kopf mit Körper in die Luft malen), das hatte gar kein Geld (Kopfschütteln, Schnippbewegung mit Daumen und Zeigefinger). Das Mädchen (mit beiden Händen einen Kopf mit Körper formen) mußte weinen (Hände vor das Gesicht halten), und wer war schuld daran? (bei angewinkeltem Ellbogen die Handflächen nach oben drehen, fragender Blick, Achselzucken).

Der kleine (mit Daumen und Zeigefinger die Winzigkeit betonen) Matrose (einen Daumen hochhalten) in seinem Liebeswahn (Handkuß, dann mit dem Zeigefinger an die Stirn tippen).

Langsame Schwierigkeitssteigerung

Das Lied wird wiederholte Male gesungen, wobei jeweils ein Textteil mehr weggelassen und nur noch durch Bewegungen angedeutet wird, bis zuletzt ohne Worte gespielt wird.

10. Graphomotorische Übungen

Eine äußerst wirkungsvolle wie auch bei allen Kindern stets willkommene Übung ist das Malen nach Musik.

Durch die dabei freiwerdende körperliche Entspannung lösen sich gleichzeitig seelische Spannungen und Verkrampfungen.

Gerade das hyperaktive Kind kann sich dabei abreagieren und zu einem harmonischen Arbeitsrhythmus gelangen.

Beim Malen nach Musik werden Melodie und Takt spontan in graphomotorische Reaktionen umgesetzt, deren Ergebnisse von großem Reiz sind.

Die Auswahl der Musik richtet sich nach dem jeweiligen Bedürfnis der Klasse:

Von einfachen Kinderliedern über klassische oder Rockmusik bis zu meditativer Musik ist jede Richtung möglich.

Da keine größeren Vorbereitungen zu treffen sind, kann diese Übung mehrmals pro Woche eingesetzt werden:

Filzstifte und ein Blatt Papier in Heftgröße (DIN A 5) genügen. Die Zeit, die für das Musikmalen eingeplant werden muß, reicht von 2 Minuten bis zu 2 Unterrichtsstunden – je nach Art und Ziel der Unterrichtseinheit.

10.1 Tanzende Stifte

Der Aufforderung „Laß deinen Stift über das Papier tanzen!" folgen die Kinder mit rhythmischen Bewegungen ihrer Hände. Aus Figuren wie Spiralen, Kreisen, Schleifen, Wellen, Ellipsen, Strichen oder Punkten ergeben sich interessante, ornamentale Grafiken.

Variationen zum Musikmalen
(Blattgröße DIN A 3)

„Laß zwei Stifte miteinander tanzen, male mit beiden Händen!"

„Je zwei Kinder lassen ihre Stifte auf einem Blatt tanzen.

Manchmal bewegen sich die Stifte nahe beieinander, manchmal tanzen sie auseinander. Nehmt verschiedene Farben!"

10.2 Malen mit Zuckerkreide auf schwarzem Tonpapier

Rezept für Zuckerkreide: weiße oder farbige Tafelkreide in einer Schale mit Wasser bedecken, 4 Eßlöffel Zucker dazugeben, eine halbe Stunde ziehen lassen, danach das Wasser abgießen. Die Kreide wird in feuchtem Zustand mit dem Pfötchengriff verwendet. Sie ermöglicht einen pastosen Farbauftrag. Die getrockneten Bilder sind wischfest. Übriggebliebene Kreide wird allmählich hart, kann aber wiederholt in Zuckerwasser gelegt werden.

10.3 Kleisterbilder

Die Kinder malen mit Fingerfarben ihre Spuren auf großformatige, feste Papierbögen, die vorher mit

Tapetenkleister eingestrichen worden sind, möglich ist auch der Gebrauch dicker Borstenpinsel.
Einleitende Übungen, die der allgemeinen körperlichen Entspannung dienen:
In Rückenlage Musik hören und mit den Händen im Takt auf den Boden patschen
Mit beiden Händen dirigieren
Sich frei nach der Musik bewegen: von einfachen rhythmischen Ausdrucksformen wie klatschen, stampfen bis zu tänzerischen Choreographien.
Schwingende Bewegungen mit Bändern, Fahnen, Seilen oder Heulschläuchen (ein- und beidhändig).

Blumen

Masken

10.4 Beidhandübungen

Das bilaterale Zeichnen ist eine Lockerungsübung, die hervorragend geeignet ist, physische und psychische Spannungen zu lösen und die Formphantasie der Kinder zu steigern. Es bietet die Möglichkeit, den Bewegungsdrang beider Arme und Hände voll auszunützen. Den Kindern macht es viel Spaß, beidhändig zu zeichnen. Für diese Technik eignen sich Wandtafel, großformatige Bögen, Schreiboder Rechenblock gleichermaßen gut. Bevor auf Papier begonnen wird, sollten vorbereitende Lockerungsübungen in weitschwüngigen Bewegungen im Rhythmus des Ein- und Ausatmens aus dem Schultergelenk mit beiden Armen gleichzeitig ausgeführt werden, am besten im Stehen.

Mögliche Themen zum Beidhandzeichnen mit Zuckerkreiden oder weichen Stiften sind:

Symmetrische Figuren

Flaschengeister

Schmetterlinge

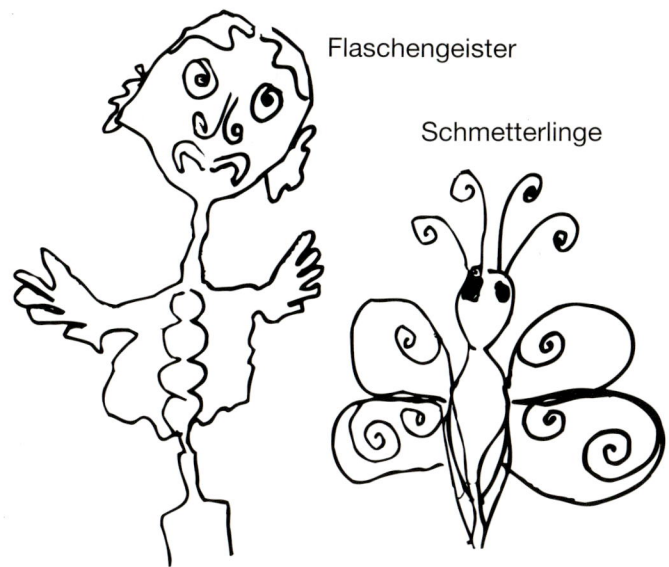

Parallel verlaufende Linien

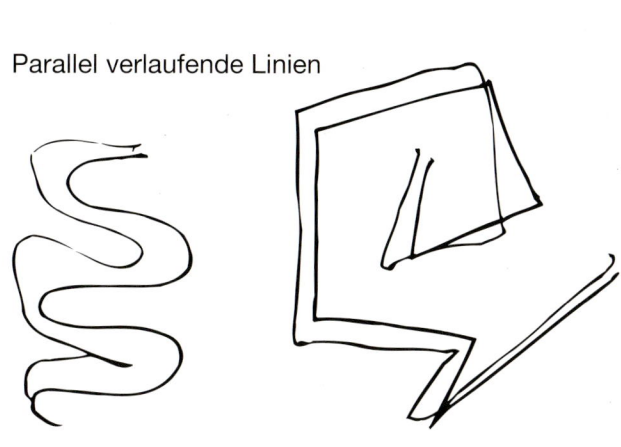

Spiegelschrift

10.5 Geräuschebilder

Klänge, Geräusche und Melodien können in Farbe und Form umgesetzt werden. Filzstifte sind ein geeignetes Material für diese Übung, da sie ohne große Vorbereitungen einsatzbereit sind.

Ein Tamburin, ein Becken oder ein Triangel werden angeschlagen. Bei Beginn des Anschlags malen die Kinder ein Wollknäuel auf das Blatt und lassen es so lange auslaufen, bis der Ton verklungen ist. Nach jedem Anschlag wird eine andere Farbe verwendet.

Geräuschebilder

Auch Geräusche aus dem Alltag eignen sich, zeichnerisch dargestellt zu werden.
Die Kinder sind sehr kreativ, wenn sie spontane Klangeindrücke direkt in Farbe umsetzen dürfen, z. B.

Kirchturmglocken	⌣⌣⌣ oder ∿∿	(ding, dong, …) (bim, bam, …)
Autohupen		(tüüüüüüüüüüüüüt …)
Sturm	∿∿ oder 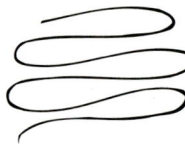	(schsch …)
Katzengeschrei	⌒⌒	(miiiiiiiiiiiiau …)

54

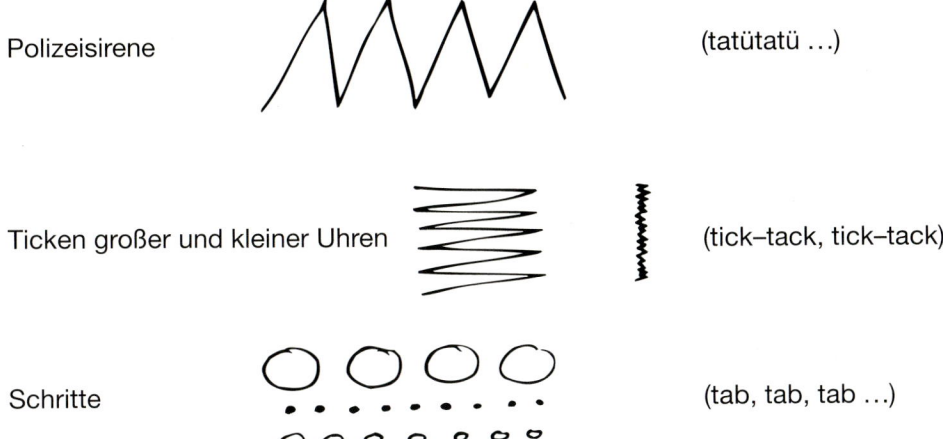

Polizeisirene (tatütatü …)

Ticken großer und kleiner Uhren (tick–tack, tick–tack)

Schritte (tab, tab, tab …)

Die besten Ideen könnten eine Anregung zum Ausgestalten von Graphiken geben. Solche Arbeiten schulen in hohem Maße Konzentration und Ausdauer, z. B.

Kirchturmuhren  oder

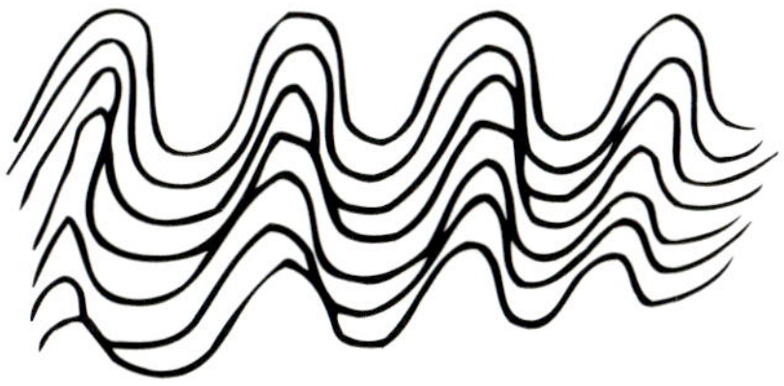

oder  oder

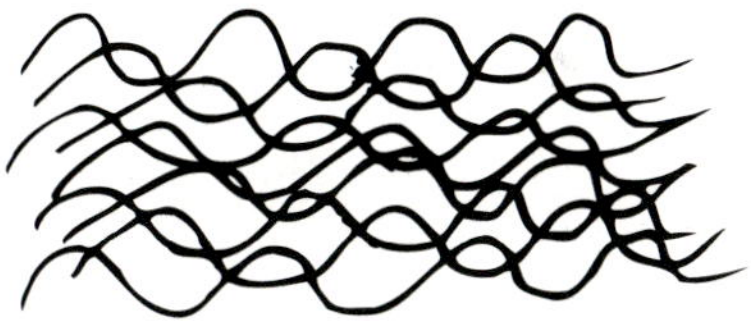

Schritte

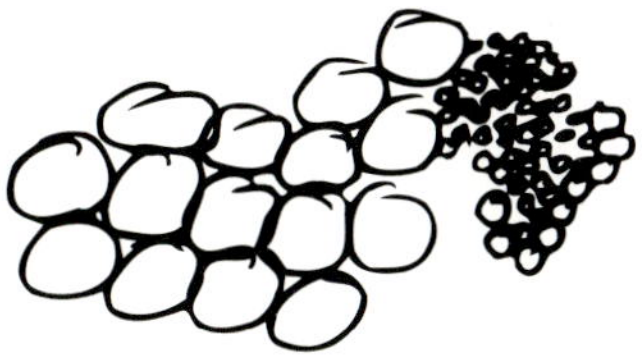

Polizeisirene 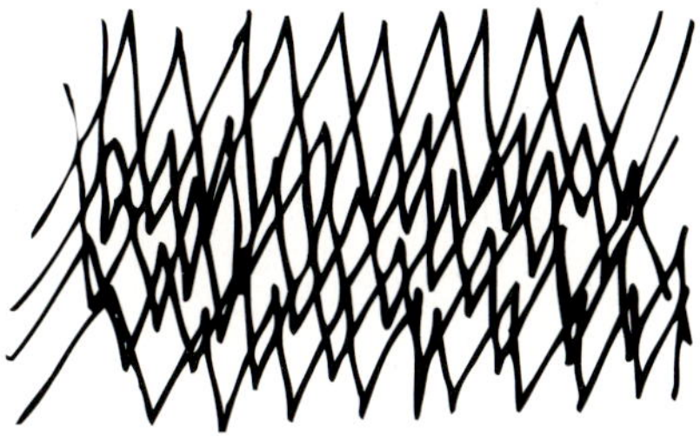 oder

Bei Melodien und Rhythmen lassen sich spontane Gefühle am wirkungsvollsten durch kräftige Pinselstriche in Farben und frei erfundenen Formen ausdrücken.

11. Urlautäußerungen

Ernst Kiphard beschreibt tiefe Gefühle als „immer körperlich. Diese Verkörperung zeigt sich in Haltung, Bewegung, Atem und Stimme" (Kiphard, 1984[2]). Die Phänomene der Körpersprache sind immer sozialpartnerbezogen zu sehen und zu verstehen. Mimik und Gestik fungieren hierbei als „kinetische Monitoren, welche Gefühlsregungen, Impulse, Wünsche oder Konflikte ganzkörperlich, d. h. pantomimisch zum Ausdruck bringen" (ders., 1984[2]).

Die urlautlichen Ausdrucksübungen bewirken Befreiung und Entlastung der Psyche. Wenn gestörte und zappelige Kinder dazu animiert werden, ihr Inneres zu äußern, erreichen sie ihre naive und kindgemäße Vitalität wieder. Sukzessive reagieren sie die angestauten und verdrängten Affekte ab.

11.1 Seufzen

Ihr habt euch jetzt beim Lernen so angestrengt, nun dürft ihr einmal tief seufzend ausatmen. – Holt kräftig Luft, haltet die Luft an, bis ich bis drei gezählt habe, und atmet dann mit einem langen Seufzer aus. – Eins – zwei – drei – aaaaaaah. – Alles Schwere, alles Belastende läßt sich auf diese Weise mit der verbrauchten Luft wegblasen. – Atmet wieder kräftig ein, holt euch frische, unverbrauchte Luft in den Körper. – Haltet sie an, – und laßt sie mit hörbarer Erleichterung ausströmen.

11.2 Gähnen

Nach einer längeren Stillarbeit dürfen sich die Kinder dehnen und strecken.

Ihr könnt dabei auch gähnen. – Wer fängt mit einem kräftigen Gähnen an? – Wir lassen uns gerne davon anstecken. – Uaaah. – Achtet einmal darauf, wie ihr während des Gähnens Luft holt und wie tief ihr sie wieder ausatmet. – Gähnen entspannt!

11.3 Urschrei

Dieses Spiel kann man am besten in der Turnhalle oder im Freien, in einem abgesteckten Feld durchführen:
Ein Fänger versucht, die Kinder abzuschlagen. Sobald er ein Kind berührt hat, läßt sich dieses mit einem gellenden Schrei zu Boden fallen und bleibt dort so lange bewegungslos liegen, bis es von einem anderen, noch nicht abgeschlagenen Kind einen Klaps bekommt und wieder mitlaufen kann.

Variation

Es werden mehrere Fänger zur gleichen Zeit eingesetzt.

11.4 Guten Appetit

Jetzt wird euch das Wasser im Mund zusammenlaufen! Stellt euch vor, ihr löffelt genüßlich Schokoladenpudding. – Ihr dürft dabei laut schlürfen und schmatzen. – Jeder darf hören, daß es schmeckt! – Wer seinen Teller ausgelöffelt hat, der darf auch einmal laut rülpsen, – aber nur ausnahmsweise, nur weil wir unter uns sind!

11.5 Nein danke

Wer von euch ißt gerne Camembert-Käse? – Gut, dann stellt euch vor, daß ihr euch auf ein Butterbrot mit Camembert-Käse freut. – Im Speiseregal muß doch noch ein Rest Käse sein, – richtig, da ist er. – Wir wickeln ihn aus – und ekeln uns, denn die Maden haben ihn schon vor uns entdeckt. – Macht dabei laut iiiiii.

11.6 Staunen

Zu deinem Geburtstag bekommst du ein Geschenk, von dem du bisher eigentlich nur geträumt hast. – Du hältst es in den Händen und staunst ooooooooo oder uiuiui!

11.7 Angst und Erleichterung

Du hast am Abend im Fernsehen noch einen Krimi angeschaut. – Kaum im Bett, schläfst du auch schon ein, weil du übermüdet bist. Plötzlich schreckst du aus deinen Träumen auf und schreist laut vor Angst. – Die Mutter kommt in dein Zimmer, macht Licht, und du seufzt erleichtert auf. – Es war ja nur ein schlimmer Traum!

In ähnlicher Weise finden wir Laute des Ärgers, der Erleichterung, der Wut, des Hasses, der Schadenfreude, des Trotzes und des Schmerzes. Die Kinder arbeiten simultan im Klassenverband, wobei jedes Kind individuell auf die Anregungen der Lehrkraft reagiert. Zu Beginn der Übungen wurde ein bestimmtes Zeichen vereinbart, auf das die Lautäußerungen sofort abgebrochen werden müssen, z. B. Handhochheben der Lehrkraft.
Akustische Signale sind nicht geeignet, da sie im „Arbeitslärm" untergehen würden.

11.8 Junge Pferde

Denkt an kleine Fohlen, die munter auf der Wiese herumspringen. – Ihr seid jetzt junge Pferde, – bewegt euch entsprechend, und wiehert vor Übermut.

11.9 Hundegebell

Leute, die einen Garten haben, halten sich oft auch einen Hund. Wenn ein Hund anfängt zu bellen, dann dauert es nicht lange, und in der Nachbarschaft fängt ein Hund nach dem anderen zu bellen an, – bis sich alle Hunde der Siedlung bellend unterhalten. – Wer mag den Anfang machen?

11.10 Im Stall

Ihr seid Kühe, die auf ihr Futter warten. Wer kann am lautesten muhen?

11.11 Chinesisch?

Zwei, drei oder vier Leute treffen sich und unterhalten sich in einer fremden Sprache. Wir können nicht verstehen, was sie sagen, aber wir merken, daß es etwas Wichtiges ist. – Ihre Finger, die Hände, die Arme, die Köpfe, ja ihre ganzen Körper sprechen mit: Sie drohen, nicken, schütteln den Kopf, fuchteln mit den Armen in der Luft herum, stampfen mit dem Fuß, klopfen sich gegenseitig auf die Schultern. – Welche Gruppe beginnt?

11.12 Noch mal ein Baby sein

Sicher hat sich jeder von euch schon einmal gewünscht, wieder ein Baby sein zu dürfen:
Da wird man verwöhnt. – Man muß nicht zur Schule gehen. – In euren Gedanken dürft ihr jetzt jünger und jünger werden, bis ihr winzige Babys seid, die in ihren weichen Kissen schlafen. – Legt euch auf den Boden (Bauch-, Rücken- oder Seitenlage), schließt die Augen und träumt davon, in einer Wiege zu liegen.
Du spürst ein Rumoren in deinem Bäuchlein, – du fängst an zu wimmern. – Das Bauchweh wird stärker, – du fängst zu weinen an. – Dein Unwohlsein ist so heftig, daß du schreist. – Du darfst jetzt schreien, wie ein Baby schreit. – Da kommt deine Mama und nimmt dich auf den Arm. – Dein Schreien geht wieder in Weinen über, – du bekommst ein Fläschchen Kamillentee und trinkst es mit zufriedenen Glucksgeräuschen aus. – Dein Bauchweh vergeht, du fühlst dich wohl. – Deine Mama legt dich ins Bettchen zurück, und du versuchst, ihr in deiner Babysprache zu erzählen, daß du zufrieden bist. – Sie spielt ein bißchen mit dir, und du quietschst vor Vergnügen. – Nun wirst du müde, – die Mama steckt dir einen Schnuller in den Mund.
Du nuckelst laut an deinem Schnuller und schläfst schließlich ein. – Im Traum wirst du langsam wieder größer und älter, bis du so groß bist, wie du heute bist. (vgl. Vopel, 1991[2])

12. Pantomime und Gefühlsausdrucksförderung

Zauberspiele sind bei den Kindern sehr beliebt. Sie können immer wieder an verschiedenen Stellen des Unterrichtsgeschehens wie auch als Entspannungsübungen zwischen den Unterrichtseinheiten eingesetzt werden.

In unserem Beispiel soll der Spaß, den die Kinder beim Sich-Verwandeln haben, die Motivation für eine Vielfalt von Bewegungsspielen sein. Der Lehrer oder auch ein Schüler schlüpft in die Rolle des Zauberers. Schulterumhang, Zauberhut und Zauberstab sind seine Requisiten.

Als „Zauberstab" verwendet er bei den folgenden Übungsbeispielen, die im Klassenzimmer durchgeführt werden können, ein Becken und ein Tamburin.

Ich werde euch jetzt verzaubern. – Ihr müßt gut aufpassen und ganz leise dabei sein. – Wenn ich auf mein Tamburin schlage, geht ihr ruhig im Raum umher, ohne euch zu berühren. – Wenn ich zweimal kräftig draufschlage, bleibt ihr auf der Stelle stehen und hört euch den Zauberspruch an. – Der Zauberspruch gilt aber erst, wenn ich auf das Becken schlage. – Er gilt so lange, bis der Ton verklungen ist. – Wer den Ton nicht mehr hört, bleibt genau in der Haltung oder Bewegung, die er gerade ausgeführt hat, wie versteinert stehen. – Erst wenn ich wieder gleichmäßig auf das Tamburin schlage, seid ihr vom Zauber erlöst und dürft herumgehen.

Auf diese Weise werden zwischen den einzelnen Szenen jeweils rhythmische Bewegungsphasen mit Tamburinbegleitung durchgeführt.

12.1 Stimmungsausdruck durch Körperpantomime

Wenn ich jetzt auf das Becken schlage, fühlt ihr euch sehr stark, ihr könnt vor Kraft kaum gehen. Zeigt auch eure Muskeln...
Jetzt habt ihr überhaupt keine Kraft, ihr seid schlaff wie eine Gummipuppe, sogar der Unterkiefer hängt runter...

Jetzt seid ihr wütend. Körper und Gesicht sollen die ganze Wut ausdrücken. Zeigt mit der Hand, wie wütend sie sein kann, auch Schulter, Knie und Fuß können wütende Bewegungen machen. Springt wütend herum. Stampft auf den Boden...
Ihr seid sehr traurig. Denkt daran, daß ihr die Trauer auch mit dem ganzen Körper ausdrücken könnt...
Ihr habt starke Zahnschmerzen...
Ihr seid zu lange draußen in der Kälte gewesen und friert jetzt ganz fürchterlich. Ihr zittert und klappert mit den Zähnen. Nase, Hände und Füße sind besonders kalt...
Ihr habt lange in der heißen Sonne gespielt und beginnt zu schwitzen. Wischt euch den Schweiß von der Stirn, fächelt euch frische Luft zu...
Ihr seid erleichtert und glücklich, denn die Probearbeit ist gar nicht so schwierig gewesen wie befürchtet...
Jetzt bist du neugierig auf dein Geburtstagsgeschenk...
Jetzt brütest du schon seit zwei Stunden über deinen Hausaufgaben und hast einfach keine Lust mehr weiterzuarbeiten... Du langweilst dich fürchterlich...
Ihr seid fröhlich und könntet die ganze Welt umarmen...

12.2 Stimmungsausdruck durch Tierpantomimen

Ich verzaubere euch jetzt in Tiere. Jeder darf sich selbst überlegen, in welches Tier er sich verwandeln will. – Es kann ein großes wildes Tier sein, vor dem sich die anderen fürchten. – Es kann aber auch ein kleines zahmes Tier sein. – Beim Gongschlag spielt jeder das Tier, das er gerne sein will, – bewegt euch wie dieses Tier, und laßt auch die passenden Laute hören. – Beim zweiten Gongschlag erstarrt ihr zu Stein, und beim Tamburinschlag seid ihr entzaubert.

Im Anschluß an dieses Verwandlungsspiel berichten die Kinder über ihre Rollen, ihre Empfindungen den anderen Tieren gegenüber und über das Verhalten der einzelnen Tiere untereinander.

Diesmal verzaubere ich nur ein paar Kinder in Katzen, die zufrieden schnurrend auf ihren Lieblingsplätzen liegen. – Die übrigen Kinder werden herumgehen und die Katzen ganz lieb streicheln, vielleicht redet ihr auch mit ihnen.
Ich verzaubere euch in kleine Spatzen, die ganz still in ihrem Nest sitzen. – Einige von euch werde ich in Vogeleltern verzaubern. – Die Vogeleltern fliegen von einem Nest zum anderen und versorgen ihre Jungen. – Jedesmal, wenn ein Vogelpapa oder eine Vogelmama zu einem Vogelkind kommt, wird es zart an der Nasenspitze berührt. – Daraufhin sperrt es seinen Schnabel auf und bekommt eine Haselnuß reingesteckt.
Ich verzaubere dich in ein süßes kleines Hundebaby, das in seinem Körbchen liegt und schläft. – Ein paar Kinder werde ich nicht verzaubern. – Sie dürfen zu den Tierbabys gehen und sie zärtlich streicheln und kraulen (vgl. Vopel, 1991[2]).
Ich zaubere dich in das Innere eines Vogeleis. – Du liegst ganz klein zusammengedrückt in der Schale. – Es ist angenehm warm und auch gemütlich. – Langsam aber wird es zu eng in der Schale, – du drückst nach allen Seiten und befreist dich aus deinem Gefängnis. – Endlich hast du Platz zum Ausstrecken.
Ich verzaubere dich in eine Schmetterlingspuppe. – Du hängst unbeweglich an einem Halm. – Der Wind schaukelt dich hin und her. – Da wird es dir zu eng in der Hülle. – Du stemmst deine Glieder gegen die Wände, die dich behindern. – Die Hülle platzt, und du kannst als herrlicher Schmetterling in die Freiheit fliegen.

12.3 Stimmungsausdruck durch Handpantomime

Habt ihr schon einmal gesehen, wie Taubstumme sich unterhalten? – Wir werden jetzt mit unseren Händen reden. – Sucht euch einen Partner, mit dem ihr verhandeln möchtet, ohne zu sprechen. – Deutet nur mit euren Händen – natürlich kann man die Botschaft auch am Gesichtsausdruck ablesen.

Beispiele

Du, ich mag dich!	Festes Händedrücken
Ich mag dich nicht!	Abwehrende Handbewegung, leichtes Wegstoßen
Vorsicht, ich warne dich!	Warnender Zeigefinger
Paß auf!	Hocherhobener Zeigefinger
Komm mit!	Lockbewegung mit dem Zeigefinger
Hau ab, ich will dich nicht mehr sehen!	Heftige, abwehrende Handbewegung
Ich habe Angst vor dir, tu mir nichts!	Schützende Handbewegung
Na warte, ich werde es dir zeigen!	Drohender Zeigefinger und Schlagbewegung mit der Hand
Nein, nein, so geht das nicht!	Verneinende Hand
Wer soll das bezahlen?	Zeigefinger und Daumen gegeneinander reiben
Bitte, bitte, gib mir auch was!	Bittende Handbewegung
Mh, das schmeckt güt!	Mit der flachen Hand über den Magen reiben
Schau mal, da drüben!	Gestreckter Arm und gestreckter Zeigefinger
Du, das macht mich ganz nervös!	Beide Hände zittern
Ich werde verrückt vor Freude!	In die Hände klatschen
Ach, du tust mir aber leid!	Über den Kopf des Partners streicheln
So, mir reicht's – weg damit!	Schlußstrich ziehen mit den Händen und wegstoßende Bewegung
Das langweilt mich!	Däumchen drehen
Finger weg!	Schlagbewegung auf die Hände des Partners
Also, dann tschüß!	Gegenseitiger Handschlag

12.4 Szenen darstellen

Familienstreit

Mutter und Tochter (Vater und Sohn) sitzen oder stehen sich gegenüber und beschimpfen sich verbal oder nonverbal.

Der Liebesbrief

Die Schwester hat einen an den Bruder adressierten Brief heimlich geöffnet, gelesen und der Mutter davon erzählt.

Nun macht ihr der Bruder Vorwürfe:

„Warum hast du das getan?"

„Was hast du dir dabei gedacht?"

„Was hast du an meinem Schreibtisch zu suchen?"

Er hat dazu nur diese drei Fragen zur Verfügung, die er, unterstützt durch wechselnde Mimik, Gestik und Betonung, variieren kann.
Die Schwester reagiert auf die Vorwürfe ihres Bruders pantomimisch, oder sie beantwortet diese drei Fragen mit je einem Satz, der dann auch immer wiederholt werden muß.
Die Spieldauer wird auf einen bestimmten Zeitraum festgelegt, etwa 2–3 Minuten.

Danach erfolgt eine kurze Aussprache:

– Wie hat dir dieses Spiel gefallen?
– Wie hast du dich in deiner Rolle gefühlt?
– Wie hast du reagiert?
– Hast du schon eine ähnliche Situation erlebt?

Wenn möglich, sollten die Rollen auch vertauscht gespielt werden, damit jeder die Spannung aus der anderen Perspektive durchleben kann:
„Der Bruder hat einen an die Schwester adressierten Brief heimlich gelesen."

Verhaftet

Die Kinder denken sich selbst abenteuerliche Situationen aus, die mit pantomimischen Mitteln inszeniert werden:

Ein lange gesuchter Räuber wird auf frischer Tat ertappt, in Handschellen gelegt und laut neinschreiend zum Polizeiauto geschleppt.

Freudiges Wiedersehen

Zwei alte Freunde, die sich schon jahrelang nicht mehr gesehen haben, treffen sich auf der Straße, „unterhalten sich" und gehen zusammen fort.

Rendezvous

Ein junger Mann wartet auf die Freundin. Sie haben sich verabredet. Kommt sie, oder kommt sie nicht?

Kavalier

Eine alte Frau geht unsicher am Stock. Sie hat Angst, über die Straße zu gehen. Du hilfst ihr hinüber.

Ein Bier zuviel

Zwei angetrunkene Wirtshausbesucher torkeln gemeinsam nach Hause, sie fangen zu streiten an und liegen plötzlich raufend am Boden. Ein zufällig vorbeikommender Radfahrer ruft die Polizei an...

Was soll das?

In einem Stehcafé trinken zwei Gäste, die sich nicht kennen, ihren Kaffee. Der eine wickelt ein mitgebrachtes Hörnchen aus. Beim ersten Biß merkt er, daß es ihm zu hart ist.
Er überlegt einen Augenblick, lächelt seinen Nachbarn an und taucht sein Gebäck in dessen Kaffeetasse ein...

Ich krieg dich

Du streichelst deinen Hund, dabei entdeckst du einen Floh. Jetzt ist er auch schon bei dir... er springt von deiner Schulter auf den Kopf... auf den Rücken... du versuchst ihn zu fangen...

Fliegen fangen

Eine Fliege ärgert dich, du verfolgst sie...

13. Kommunikationsspiele

Wir können immer wieder beobachten, daß Kinder die Regeln von Spielen viel bewußter einhalten als die Regeln, die die Ordnung im Klaßzimmer aufrechterhalten sollen. Kinder, die Regeln beim Spiel brechen, werden von ihren Klassenkameraden heftig angegriffen, während Schüler, die den Unterricht stören, normalerweise mit dem Verständnis der Klassenkameraden rechnen können.

Auch der unruhige und überaktive Schüler hat soziale Bedürfnisse. Er möchte dazu gehören, möchte anerkannt sein und etwas gelten. Ihm fällt es schwer, in die Gemeinschaft hineinzuwachsen, denn ihm fehlen die geeigneten Kontaktmittel. Er verhält sich abweisend und aggressiv oder flieht in die Isolation. Das Grobziel kommunikativer Spiele ist auf eine behutsame Annäherung dieser Kinder an die Gruppe über Einzelkontakte ausgerichtet. Kommunikationsspiele motivieren intrinsisch zum Lernen. Sie machen das Kind neugierig und wekken seine Freude am erfahrungsbezogenen Lernen. Durch die Befreiung aus introvertiertem, passivem Verhalten führen sie zu einer emotionalen und handlungsbezogenen Osmose zwischen dominierenden und be-schaulichen Schülern. Diese erfahren durch ihre Teilnahme eine ganzheitliche Sichtweise anderer und des eigenen Ego. Daneben regen sie die betroffenen Schüler an, „bestimmte psychosoziale Fertigkeiten zu trainieren, nämlich differenziert wahrzunehmen, offen zu kommunizieren, Forderungen zu stellen, Entscheidungen zu treffen, anderen zu helfen, zu kooperieren, selbst Hilfsmöglichkeiten zu suchen, Widerstandskraft und persönliche Verantwortung zu entwickeln" (Vopel, 1989). Die Kinder werden von Abwehrmechanismen täglicher Erfahrung entlastet, weil Kommunikationsspiele in ihrer Struktur und mit den Handlungsanweisungen zum Ausprobieren schwieriger Verhaltensweisen animieren. Sie können in größeren Gruppen realisiert werden und führen auf diese Weise zu einer Reduktion der Angst und zur Bildung von Gruppenkohäsion. Kommunikationsspiele bereichern den Schulalltag in der Grundschulklasse durch ihre Zielrichtung:
Sensibilisierung der Wahrnehmung, Vertiefung der Selbstverantwortlichkeit, aufgabenbezogener Ausdruck von Gefühlen, Bewußtwerden der eigenen Motivationen, Selbstakzeptierung, Fremdakzeptierung und Interdependenz des Verhaltens.

13.1 Aggressionsabbau, Reaktionsstärkung, Förderung des Gemeinschaftsgefühls

13.1.1 Kampf ums Glück

Ein Spiel zur Konzentration des Krafteinsatzes und zum Aggressionsabbau:

Jeder von uns hat einen geheimen großen Wunsch, – irgend etwas, was noch fehlt, um glücklich zu sein. – Denkt mal nach, aber verraten sollt ihr noch nichts darüber.
Nun werden drei von euch in unsere Mitte kommen und um die Erfüllung ihres ganz persönlichen Wunsches kämpfen. – Die Erfüllung eurer Wünsche, euer Glück, ist zum Greifen nah.
Ihr dürft euch darum raufen und solltet dabei immer wieder nur den einen Satz *Das muß ich haben!* sagen, schreien, jammern, flüstern, schimpfen, stöhnen –.
(Der gewünschte Gegenstand wird symbolisiert durch ein zusammengeknotetes Seil, ein Ball ist ebenso möglich.)

Nach etwa zwei Minuten wird der Kampf abgebrochen.
Nun schließt sich ein Gespräch an über die Erfahrungen und Gefühle der Kämpfenden und die Beobachtungen der Zuschauer:

– Wie stark hast du dich eingesetzt?
– Wer mag, kann uns erzählen, wofür er gekämpft hat!
– Warum hast du so schnell aufgegeben?
– Du hattest scheinbar großen Spaß am Rangeln, hast du eigentlich noch an deinen Wunsch gedacht?
– Du hast wenig Körperkraft eingesetzt und trotzdem Erfolg gehabt!

13.1.2 Knoten bilden

Die Schüler stehen im Kreis und fassen sich an den Händen. Die Augen sind geschlossen.

Geht langsam zur Mitte, – verknotet euch ineinander, ohne den Partner loszulassen. – Entwirrt vorsichtig den Knoten, bis ihr wieder in der Ausgangsstellung steht. – Öffnet die Augen.

13.1.3 Rettungsboot

Zehn Schüler stehen auf fünf Teppichfliesen, keiner darf den Boden berühren. Der Spielleiter nimmt nacheinander jeweils eine Fliese weg. Die Gruppe muß sich bemühen, durch gemeinsames Balancieren und durch gemeinsame Gewichtsverlagerung auf der immer kleiner werdenden Unterlage das Gleichgewicht zu halten.
Wer den Boden berührt, muß ausscheiden.

13.1.4 Schwebender Mensch

Die Kinder spüren auf spielerische Weise, was es bedeutet, wenn sie sich anderen anvertrauen bzw. anderen Vertrauen schenken können. Gleichzeitig müssen sie sich auf ihre Atmung konzentrieren.
Ein Kind legt sich auf den Rücken, atmet tief ein, macht sich durch Muskelanspannung „steif wie ein Brett" und hält dabei die Luft an. Sechs Kinder, je drei auf jeder Seite, legen die Fingerspitzen unter die Fersen, unter die Hüften und unter den Kopf des Liegenden. Sie atmen alle gleichzeitig tief ein und halten den Atem an. Nun können sie mühelos das Kind hochheben und (vorsichtig!) wieder auf den Boden legen.

Variation

Das Kind sitzt auf einem Stuhl. Vier weitere Kinder stehen dabei, je zwei neben den Knien und je zwei neben den Schultern.
Sie halten die Handflächen zusammen und legen ihre ausgestreckten Zeigefinger unter Knie oder Achsel, wo sie gerade stehen.
Nach einem gemeinsamen tiefen Luftholen halten alle fünf Kinder den Atem an. Leicht wie eine Feder wirkt nun das Gewicht des sitzenden Kindes, wenn es mit den Zeigefingern hochgehoben wird.

13.1.5 Vertrauensfall

Zwei Kinder stehen sich gegenüber. Zwischen ihnen steht ein drittes, das sich „steif wie ein Stock" abwechselnd nach vorne und nach hinten fallen läßt, wobei es jedesmal sanft und sicher in den Armen der Partner landet.

Variation

Mehrere Kinder stehen Schulter an Schulter in einem engen Kreis. Eines steht in der Mitte und läßt sich fallen, dabei wird es aufgefangen und von der Gruppe im Kreis hin und her bewegt.

Hinweis:

Das fallende Kind muß die Spannung in seinem Körper während der gesamten Übung beibehalten.

13.1.6 Massagekette

Diese Übung hilft unruhigen und aggressiven Kindern, Entspannung zu finden und zu lernen, auf zarte, liebevolle Art mit anderen umzugehen.
Die Kinder stehen mit geschlossenen Augen im Kreis und wenden einander den Rücken zu – leise Musik im Hintergrund begleitet das gegenseitige sanfte Massieren der Schultern des jeweiligen Vordermannes. Nach einiger Zeit drehen sich die Kinder um die halbe Achse und werden nun durch sanfte Schulterberührungen von dem Kind verwöhnt, das sie vorher massiert haben.

13.1.7 Weltenrad

Auch bei diesem Spiel entwickelt sich ein Gemeinschaftsgefühl, das Spannungen löst und durch den engen Körperkontakt zu den anderen ein warmes Zusammengehörigkeitsempfinden entstehen läßt:
Die Kinder liegen mit geschlossenen Augen in Sternform am Boden, sie fassen sich an den Händen, ihre Füße berühren sich. Meditative Musik erleichtert die Vorstellung.

Wir sind die Speichen eines großen Rades, das die Weltkugel in Bewegung hält. Wir drehen uns nach rechts. – Fühle, wie wir uns bewegen. – Fühle die Wärme, die von der Hand deines linken Nachbarn durch deinen Körper strömt. – Du gibst diese Wärme an deinen rechten Nachbarn weiter.

– Fühle den Strom, der von Hand zu Hand im Kreis wandert.

Nach etwa zwei Minuten wird das Rad angehalten.

Wir spüren, wie sich das Rad langsamer dreht. – Langsamer und langsamer, – bis es schließlich stehen bleibt. – Genieße noch einen Augenblick die Ruhe, die du in dir spürst. – Wenn ich bis fünf gezählt habe, läßt du die Hände deiner Nachbarn los, ballst deine Hände zu Fäusten und ziehst sie an die Schultern heran. – Eins, zwei, drei, vier, fünf – laß die Hände los, öffne deine Augen, balle deine Hände zu Fäusten. – Hoch – leg sie wieder locker neben deinen Körper – und Fäuste – und ablegen. – Setz dich langsam auf, damit es dir nicht schwindelig wird, – und nun schaut euch gegenseitig an.

13.1.8 Seifenblasen

Auch hier wird das Zusammengehörigkeitsgefühl betont – am Ende haften alle Kinder aneinander und bilden eine riesige Seifenblase. Die Kinder verteilen sich im Raum.

Jeder von euch ist jetzt eine schillernde Seifenblase, die langsam durch die Luft schwebt. – Streckt eure Arme aus, und tanzt langsam zur Musik. – Wenn sich zwei Kinder berühren, bleiben sie aneinander hängen. – Und wenn diese zwei Kinder mit anderen zusammenkommen, hängen sie auch an ihnen fest. – Bis schließlich alle aneinander haften und gemeinsam durch den Raum schweben. – Und jetzt kommt ein heftiger Windstoß, der die riesige Seifenblase zerplatzen läßt: eins, zwei, drei und aus.

Die Kinder lassen sich auf den Boden fallen und bleiben einen Augenblick regungslos über- und untereinander liegen.

13.1.9 Wachposten

Dieses Spiel gibt den Kindern das Empfinden innerer Ruhe, macht bereit für neue Aktivitäten und stärkt das Gemeinschaftsgefühl.

In einem alten Königsschloß stehen Wachen in Ritterrüstungen vor den Türen. – Ihr seid die Wachposten. – Stellt euch hin und haltet euch

ganz still. – Achtet nur auf euren Atem. – Nun hört ihr von weitem Schritte. – Das Geräusch der näherkommenden Schritte hallt in den hohen Räumen. – Zählt die Schritte solange, bis ihr nichts mehr hört.

Kassette abspielen oder Schritte mit der Handtrommel imitieren.

13.1.10 Wanderndes Wollknäuel – ein Kennenlernspiel

Hier können die Kinder Berührungsängste abbauen und sich die Namen der Klassenkameraden einprägen und gleichzeitig ihre Konzentrationsfähigkeit trainieren.

Die Kinder stehen im Kreis. Einer hält das Ende eines Wollknäuels fest und stellt sich vor: „Ich heiße Heidi."

Nun nimmt Heidi mit einem beliebigen Kind Augenkontakt auf und wirft ihm das Knäuel zu mit den Worten „Ich werfe die Wolle zu dir" – den Faden behält sie in der Hand. Das fangende Kind stellt sich vor: „Ich heiße...", behält wiederum den Faden in der Hand und wirft das Knäuel weiter.

Das Knäuel wird so lange weitergeworfen, bis jeder den Faden festhält. Die Entwirrung des Fadens erfolgt nun in umgekehrter Reihenfolge, wobei sich das jeweils letzte Kind mit dem Wollknäuel in der Hand nochmals vorstellt und ihn dann mit Namensnennung „Ich werfe das Knäuel zu..." zurückgibt.

Dabei wird der Faden jeweils Stück für Stück aufgerollt.

Das Spiel ist zu Ende, wenn Heidi das Wollknäuel wieder in der Hand hält.

Variation

Statt den eigenen Namen zu nennen, können beliebige Fragen, z. B. zum aktuellen Sachkundethema, gestellt werden.

Das auffangende Kind merkt sich den Wortlaut seiner Frage, gibt keine Antwort darauf, sondern wirft das Knäuel mit einer neuen Fragestellung weiter.

Auch hier wird es so lange weitergeworfen, bis jeder den Faden festhält. Bei der Entwirrung des Fadens muß jedes Kind die Antwort auf die ihm vorher gestellte Frage geben.

Erfahrungen zu diesem Spiel
Die Gruppe sollte nicht mehr als 12 Mitspieler umfassen, da sonst ein disziplinierter Spielablauf mit dem Knäuel nicht gewährleistet ist.
Bei stärkeren Gruppen kann statt des Wollknäuels ein Ball verwendet werden.

13.1.11 Hund in der Hütte

Bei diesem Spiel können die Kinder ihre Reaktionsfähigkeit üben und ihren Bewegungsdrang befriedigen.
Die Kinder verteilen sich paarweise im Raum. Eines grätscht die Beine und stellt die Hundehütte dar, das andere hockt im Vierfüßlerstand darunter. Ein „Hund" bleibt ohne Hütte, er steht lauernd im Raum. Auf ein Zeichen des Lehrers müssen alle Hunde ihre Hütten verlassen und sich eine andere suchen.
Der einsame „Hund" versucht nun schnell eine Hütte zu finden. Ein anderer wird ohne Hütte bleiben. Er versucht im nächsten Spiel wieder einen Unterschlupf zu finden.
Nach ein paar Minuten erfolgt ein Rollenwechsel.

13.1.12 Zuneigung schenken

Dieses Spiel ist für Gruppen gedacht, die Erfahrung mit Kommunikationsspielen haben und in denen sich bereits ein gewisses Maß an gegenseitigem Vertrauen entwickelt hat. Es leitet die Kinder dazu an, auf die besonderen Nöte, Ängste und Schwierigkeiten des Nächsten einzugehen.
Die Kinder sitzen im Kreis. Eine Blume oder ein besonders schöner Stein wird von einem Kind in der Hand gehalten, befühlt und schließlich mit einem guten, nicht ausgesprochenen Wunsch, der dem Nachbarn zugedacht ist, an diesen weitergegeben.

Jeder von uns hat im Augenblick etwas, was ihm Sorgen, Angst oder Unbehagen bereitet. – Versucht doch einmal, euch in euren rechten Nachbarn einzufühlen, – versucht herauszufinden, was ihn gerade beschäftigt, – und überlegt euch einen Wunsch für ihn.

Besprechungspunkte im Anschluß an dieses Spiel:
– Hattest du Schwierigkeiten, dich in deinen Nachbarn hineinzudenken?

– Kamen mehr deine eigenen Ängste und Wünsche hoch?
– Magst du erzählen, was du deinem Nachbarn gewünscht hast?
– Ist es dir schwergefallen, deinem Nachbarn Gutes zu wünschen?
– Du hast nicht nur einen Wunsch weitergegeben, sondern auch einen guten Gedanken erhalten. Was hast du dabei gefühlt?
– Was war für dich leichter, einen guten Wunsch anzunehmen oder deinem Nachbarn etwas Gutes zu wünschen?

13.2 Training der Sinne

Weil wir auf verschiedene Art und Weise wahrnehmen, ist auch der modale Aspekt des Lernens unterschiedlich. Manche Schüler reagieren primär mit dem Gehör auf Töne und gesprochene Worte, andere wiederum gehören zu den sog. Eidetikern, die Tabellen oder Bilder benützen, um eine Idee zu be-greifen. Wieder andere lernen kinästhetisch mit Bewegungsgefühl und Muskelentspannung. Für diese Schüler bewegt sich eine Idee.
Spiele, die alle Sinne trainieren, führen zu einer Harmonisierung der Lernweisen und zu einer synenergetischen Speicherung von Lerninhalten. Das kommt unserer ganzheitlichen Sichtweise der Steuerung, Motivierung und Erziehung von Grundschulkindern entgegen und begründet die angestrebte sensorische Integration.

13.2.1 Schnüffelbär
(Sensibilisierung des Geruchsinns)

Zu Beginn dieses Spiels stehen die Kinder frei im Raum.

Wir müssen erst einmal unsere Spannungen, die durch langes Sitzen entstanden sind, lösen. Durch die Spannungslösung werden wir frei für Empfindungen unseres Körpers und können sie bewußt wahrnehmen. Folgende Übung wird uns dabei helfen:
Lege deine rechte Hand auf die linke Schulter, und drücke die Muskeln fest zusammen. Drehe deinen Kopf nach links, und schau über die linke Schulter nach hinten, schnuppere dabei ein paarmal in die Luft. Nun schaue über deine rechte

Schulter nach hinten, und schnuppere ebenfalls einige Male.
Laß den Kopf nach vorne fallen, und atme kräftig durch.
Dasselbe wiederholst du jetzt, indem du die linke Hand auf die rechte Schulter legst.

(vgl. Dennison, 1990)

Setzt euch jetzt im Kreis zusammen. – Schließe deine Augen. – Lege deine Hände auf den Bauch. – Atme langsam und tief ein, – deine Hand hebt sich beim Einatmen, – und ausatmen. – Atme wieder tief, beuge dich dabei zurück, damit du noch tiefer einatmen kannst, – und aus. – Du bist jetzt ganz ruhig und entspannt. – Ich werde jetzt im Kreis reihum jedem Kind etwas Duftendes unter die Nase halten. – Sauge den Duft beim Einatmen durch die Nase auf, und konzentriere dich ganz auf das, was du riechst. – Überlege dir, was es sein kann. – Versuche, den Duft in der Nase zu behalten, auch wenn ich längst weitergegangen bin. – Sprecht bitte nicht.

Nacheinander wird nun den Kindern ein Gegenstand unter die Nase gehalten, z. B. ein Apfel, eine Banane, ein Käsestück, eine Wurstscheibe, Schokolade, eine duftende Blume, verschiedene Duftöle, Kekse, ein Stück Kuchen, eine Zigarette, gebrannte Mandeln – im Anschluß an jede „Duftrunde" dürfen die Kinder ihre Augen öffnen und über ihre Empfindungen sprechen:

– Konnte ich den Gegenstand beim Riechen erkennen?

– War mir der Geruch angenehm oder unangenehm?
– Woran habe ich mich erinnert?
– Ist mir durch den Geruch etwas in den Sinn gekommen?
– Es gibt Menschen, die den Geruchsinn verloren haben...
– Was rieche ich am liebsten?
– Was rieche ich gar nicht gerne?
– Es gibt ein Tier, das besser riechen kann als der Mensch... es hilft uns Spuren suchen. (Polizei- oder Jagdhund)

Zuletzt schließen die Kinder nochmals die Augen:
Entspanne dich, konzentriere dich ganz auf deine Nase. – Sauge die Luft ein, – laß sie wieder ausströmen – ein – aus. – Stell dir vor, du kommst nach Hause. – Die Mutter öffnet die Tür, – du schnupperst und freust dich aufs Essen. – Heute gibt es dein Lieblingsgericht. – Genieße den Duft! Jetzt öffne langsam die Augen, und spüre den Geruch um dich herum.

13.2.2 Adlerauge
(Sensibilisierung des Gesichtsinns)

Bei diesem Spiel beginnen wir mit der Entspannung unserer Augenmuskeln. Suche dir einen Platz im Raum, und stelle dich bequem hin. Zeichne mit deiner linken Hand eine großschwüngige liegende Acht in die Luft. Fang beim Mittelpunkt der Acht an, und fahre zunächst gegen den Uhrzeigersinn nach oben links, im Bogen zurück zum Mittelpunkt und hinüber in die rechte Schleife. – Deine Augen verfolgen die Schreibspur. – Wiederhole diesen Schwung ein paarmal. – Zeichne jetzt mit deiner rechten Hand die liegende Acht in die Luft. – Beginne wieder in der Mitte, und fahre nach oben links. – Wiederhole diesen Schwung ein paarmal, – zeichne mit beiden Händen eine liegende Acht in die Luft.

(vgl. Dennison, 1990)

Bei jüngeren Kindern ist es vorteilhaft, wenn sie die liegende Acht auf der Tafel oder auf einem größeren Blatt Papier nachspuren können.
Nun setzen sich die Kinder in einem Kreis zusammen, in dessen Mitte sich eine Weihnachtspyramide dreht; der Raum ist leicht abgedunkelt.

Entspanne deinen Körper. – Versuche, ganz ruhig zu werden und dich nur auf die Pyramide zu konzentrieren. – Verfolge die Drehung mit deinen Augen, – sprich nicht. – Beobachte auch das Lichtspiel an der Zimmerdecke. – Nun schließe deine Augen und versuche, die Pyramide mit deinem inneren Auge zu sehen. Ich werde jetzt bis zehn zählen. Wenn ich bei zehn angelangt bin, öffnet ihr die Augen und seid hellwach.

Nun bekommen die Kinder Gelegenheit, über ihre Wahrnehmungen zu sprechen:

– Was war schöner für dich, das Sehen mit beiden Augen oder das Sehen mit dem inneren Auge?
– Hast du Einzelheiten in der Pyramide angeschaut, oder hast du allein die Bewegung beobachtet?
– Konntest du die Pyramide mit geschlossenen Augen noch sehen?
– Hast du mit geschlossenen Augen auch die Drehung noch wahrgenommen?
– Haben einzelne Figuren oder das Drehen eine Erinnerung in dir wachgerufen?
– Welche Figur hättest du gerne sein wollen?
– Es gibt Menschen, die nichts sehen können!
– Es gibt Menschen, die sich nichts vorstellen können!
– Was magst du gerne sehen?
– Was magst du gar nicht gerne sehen?
– Es gibt Geräte, mit denen wir sehen können, was anderswo auf der Welt geschieht: Fernseher, Telefax, Filmgerät. Es gibt Tiere, die besser sehen können als der Mensch!

Schließe nochmals deine Augen.

Entspanne dich. – Atme ruhig und gleichmäßig, – konzentriere dich ganz auf dein inneres Auge, und stelle dir dein Lieblingsspielzeug vor. – Achte genau auf die Farben und auf Einzelheiten. – Wenn sich dein Spielzeug bewegen kann, so setze es in Bewegung. – Jetzt öffne langsam die Augen, und wenn du magst, kannst du uns dein Lieblingsspielzeug beschreiben.

13.2.3 Feinschmecker
(Sensibilisierung des Geschmackssinns)

Berühre mit den Fingerspitzen beider Hände die Stirnhöcker über den Augenbrauen, und mas-

siere diese beiden Punkte. – Genieße die Entspannung, die du in deinem Körper spürst.

(vgl. Dennison, 1990)

Die Kinder sitzen bequem mit geschlossenen Augen im Kreis. Sie atmen tief und gleichmäßig.

Ich werde jetzt jedem Kind etwas Eßbares in den Mund stecken. – Lutsche oder zerkaue es langsam, und konzentriere dich dabei ganz auf das, was du schmeckst. – Überlege dir, was es sein kann. – Sprich nicht.

Nacheinander wird nun den Kindern eine kleine Geschmacksprobe in den Mund gesteckt, z. B. ein Stückchen Apfel, Wurst, Käse, Kuchen, Schokolade, saure Gurke, eine Rosine, ein Gummibärchen oder eine Nuß.
Im Anschluß an jede Geschmacksprobenrunde öffnen die Kinder ihre Augen und sprechen über ihre Empfindungen:

– Hast du herausgefunden, was dir in den Mund gesteckt worden ist?
– Hast du gespürt, womit du schmecken kannst?
– War es ein angenehmer oder unangenehmer Geschmack?
– Hättest du gern mehr davon gegessen?

– Hast du eine Abneigung gegen bestimmte Geschmacksrichtungen?
– Was ißt du am liebsten?
– Es gibt Menschen, die einen feinen Geschmack haben, sie können sogar damit Geld verdienen... (Weinkoster, Käsekoster...)
– Was bedeutet es, wenn man sagt: Der hat ja keinen Geschmack?
– Warum ist unsere Zunge so wichtig? – Wir können damit feststellen, ob Nahrungsmittel noch eßbar sind oder schon verdorben.

Nun dürfen die Kinder nochmals die Augen schließen und sich vorstellen, ihre Lieblingsspeise zu kosten...

Laß den Geschmack auf der Zunge vergehen. – Wer mag, kann uns erzählen, was er gerade gegessen hat.

13.2.4 Räuber Hotzenplotz
(Sensibilisierung des Tastsinns)

Am Anfang dieses Spiels stehen Überkreuzbewegungen, die sowohl die Aktivierung beider Gehirn-

hälften bewirken als auch körperliche und seelische Spannungen entkrampfen. Die Kinder haben sich im Raum verteilt und gehen bzw. hüpfen zum Takt stark rhythmisch betonter Musik.

Berühre abwechselnd mit einer Hand das gegenüberliegende Knie. – Berühre hinter dem Körper den gegenüberliegenden Fuß. – Bewege deine Arme nach vorne, zur Seite, nach hinten, über Kreuz. – Lege einen Twist aufs Parkett, – tanze einen Schuhplattler.

(vgl. Dennison, 1990)

Für die folgende Übung ist es günstig, den Raum leicht abzudunkeln.

Setzt euch in Kreisform. – Atmet langsam und tief ein – und aus. – Werdet ganz ruhig und entspannt. – Nun stell dir vor, du bist der Räuber Hotzenplotz. – Du hast dich am Tage schon umgesehen, wo der Geldschrank steht. – Jetzt bist du wiedergekommen, um dir die Goldstücke herauszunehmen. – Ich werde jetzt ein Kind nach dem anderen in den Sack greifen lassen. – Befühle den Inhalt (Knöpfe und Schokoladentaler), – und hole dir ein Goldstück heraus. – Sprich bitte nicht.

Weitere Tastrunden sind möglich. Im Sack befinden sich z. B. Kartoffeln, Äpfel, Orangen und Tennisbälle.

Der Räuber Hotzenplotz hat Hunger bekommen. Er nimmt sich einen Apfel aus dem Sack.

Beim Erfahrungsaustausch im Anschluß an das Spiel können die Kinder ihre Empfindungen verbalisieren:
– Hat dir das Spiel gefallen?
– Hättest du lieber in den Sack reingeschaut?
– Wie konntest du das Goldstück (den Apfel, die Kartoffel...) herausfinden?
– Was magst du nicht gerne in die Hand nehmen?
– Was magst du gerne in die Hand nehmen?
– Gibt es Situationen, wo wir mit unseren Händen tasten müssen?
– Kennst du einen Beruf, bei dem man einen guten Tastsinn braucht? (Arzt)
– Es gibt Menschen, die auf ihren Tastsinn angewiesen sind, weil sie nichts sehen können...
– Kennst du ein Tier, das sich tastend fortbewegen muß?
– Hast du eine Idee für ein anderes Tastspiel?

Jetzt schließe deine Augen. – Atme ruhig und gleichmäßig. – Stell dir vor, du berührst mit deinen Händen die Rinde eines Baumstammes. – Du tauchst deine Hände in eiskaltes Wasser. – Du matschst mit Kleisterfarbe (mit schmierigem Ton oder mit Seife). – Du streichst mit deinen Händen über Sandpapier, Eis, deine Bettdecke. – Spüre, wie sich alles auf der Haut anfühlt. – Jetzt öffne die Augen, und wenn du magst, kannst du uns sagen, was du eben am besten (und am liebsten) gefühlt hast!

13.2.5 Musikhören
(Sensibilisierung des Gehörsinns)

Entspannungsübungen und Energieübungen sind erfolgversprechende Hilfsmittel zur Anbahnung konzentrierten Hörens.

Zu den Energieübungen, die die Gehirn-Körper-Kommunikation anregen, gehört u. a. die sogenannte „Denkmütze". Sie stimuliert über 400 Akupunkturpunkte in den Ohren und fokussiert auf positive Art und Weise deren Aufmerksamkeit.

Nimm Daumen und Zeigefinger, und reibe deine Ohrmuscheln, beginnend an der Ohrenspitze bis zum Ohrläppchen, ziehe sie dabei zart nach hinten, so als wolltest du Elefantenohren daraus machen, um sie dir als Mütze über den Kopf zu legen.
(vgl. Dennison, 1990)

Die Kinder sitzen in Kreisform um eine brennende Kerze.

Schau eine Weile in die Flamme. – Konzentriere dich ganz auf das Licht. – Du siehst das Gelb der Flamme, – innen ist ein blauer Kern. – Stelle dir vor, du gehst in die Flamme hinein. – Du bist selbst ein strahlendes Licht. – Schließe deine Augen, und lausche auf die Musik.

Die Musikauswahl hängt von der jeweiligen Tageszeit sowie der Unterrichtssituation ab:

Klassische Musik eignet sich zur Beruhigung, moderne Musik als Muntermacher.

Erfahrungsaustausch im Anschluß an die Musikmeditation:

– Wie fühlst du dich jetzt?
– Hat dir die Musik gefallen?
– Was ist dir dabei in den Sinn gekommen?
– Was magst du gerne hören?
– Was magst du nicht gerne hören?
– Was bedeutet es, wenn die Mutter sagt, mein Kind kann nicht hören?
– In welchen Situationen sind wir auf unser Gehör angewiesen?
– Es gibt Berufe, bei denen man ein gutes Gehör braucht.
– Es gibt Menschen, die taub sind.
– Lärm kann unser Gehör schädigen.
– Hattest du schon einmal Ohrenschmerzen?
– Kennst du ein Tier, das auf sein Gehör angewiesen ist?

Schließe nochmal deine Augen. – Konzentriere dich ganz auf die Geräusche, die zu uns in den Raum dringen. – Sprich bitte nicht. – Jetzt stelle dir vor, deine Mama ruft dich. – Hörst du ihre Stimme? – Ein Baby schreit. – Wellen plätschern. – Ein Hund bellt. – Der Sturm bläst. – Ein Gewitter tobt. – Ein Vogel zwitschert. – Ein Pferd wiehert. – Eine Katze schnurrt.
Und nun versuche, in dich hineinzuhorchen. – Vielleicht kannst du deinen Herzschlag hören, – vielleicht hörst du dein Blut rauschen. – Jetzt komm langsam wieder zurück. – Ich werde bis fünf zählen, und wenn ich bei fünf angelangt bin, öffnest du deine Augen. – Wenn du magst, kannst du uns sagen, was du am deutlichsten oder am liebsten gehört hast.

14. Praktische Unterrichtsbeispiele

14.1 Wir nehmen unsere Umwelt mit allen fünf Sinnen wahr
(Grundlegender Sachunterricht)

Lernziel

Förderung der visuellen, taktilen, akustischen, gustatorischen und olfaktorischen Wahrnehmung.

Motivation

Wir werden ein paar Ratespiele machen. Dabei könnt ihr lernen, wie uns Augen, Ohren, Nase, Mund und Hände helfen, die Rätsel zu lösen.

Erarbeitung

Wahrnehmen mit Hilfe des Gesichtsinns

Kimspiel

Spiel 1

Durchführung: Schaut mich genau an. Ich werde gleich zur Türe hinausgehen und etwas an mir verändern.
Schülervermutungen

Kenntnisgewinnung: Überlegt, womit ihr feststellen konntet, daß ich etwas an mir verändert habe.
...gesehen mit den Augen...

Verbalisieren von Erkenntnissen: Wir sehen mit den Augen, was geschieht und wie die Dinge sind.

TA   👁️👁️   sehen

Sprechreihen: Ich sehe eine rote Uhr...
Ich sehe...

Wahrnehmen mit Hilfe des Tastsinns

Spiel 2

Sitzordnung im Stuhlkreis

Durchführung: Ich habe euch etwas mitgebracht. Ihr müßt mit geschlossenen Augen raten.
Ein paar Äpfel werden im Kreis weitergegeben.
Schülervermutungen

Kenntnisgewinnung: Überlegt, wie ihr erraten konntet, daß es ein Apfel ist. Ihr konntet doch nichts sehen.
...gefühlt mit den Händen...

Verbalisieren von Erkenntnissen: Wir fühlen mit den Händen, wie die Dinge sind.

Sprechreihen, angeregt durch weitere Tastübungen: Bürste, Eiswürfel...
Ich fühle eine Bürste
Ich...

TA      fühlen – tasten

Wahrnehmen mit Hilfe des Geruchsinns

Spiel 3

Durchführung: Ihr schließt die Augen. Ich werde jedem von euch etwas unter die Nase halten.
Schülervermutungen

Kenntnisgewinnung: Überlegt, wie ihr erraten konntet, daß es ein Apfel ist –
...gerochen mit der Nase...

Verbalisieren von Erkenntnissen: Wir riechen mit der Nase, welche Dinge es sind.

Sprechreihen, angeregt durch weitere Riechübungen: Parfumfläschchen, Käsestück...
Ich rieche...
Ich rieche...

TA   👃   riechen

Wahrnehmen mit Hilfe des Gehörsinns

Spiel 4

Durchführung: Die Schüler schließen die Augen. Der Lehrer beißt geräuschvoll in einen Apfel.
Schülervermutungen

Kenntnisgewinnung: Überlegt, wie ihr erraten konntet, daß es ein Apfel ist.
...gehört mit den Ohren...

Verbalisieren von Erkenntnissen: Wir hören mit den Ohren, was geschieht.

Sprechreihen, angeregt durch weitere Hörübungen:
Papier zerreißen, Wasserhahn aufdrehen...
Ich höre...
Ich höre...

TA  hören

Wahrnehmen mit Hilfe des Geschmacksinns
Spiel 5

Durchführung: Stellt euch vor, ihr seid kleine Vogelkinder, die im Nest sitzen und auf Futter warten... schließt die Augen... Wenn die Vogelmama oder der Vogelpapa kommt, wirst du mit einer Feder unter dem Kinn berührt... du sperrst deinen Schnabel auf und bekommst etwas zu essen.
Schülervermutungen

Kenntnisgewinnung: Überlegt, wie ihr erraten konntet, daß es ein Apfelstückchen ist.
...geschmeckt mit der Zunge...

Verbalisieren von Erkenntnissen: Wir schmecken mit der Zunge, welche Dinge es sind und wie sie sind.

Sprechreihen, angeregt durch weitere Schmeckübungen:
Rosinen, Haselnüsse...
Ich schmecke...
Ich schmecke...

TA  schmecken

Zusammenfassung:
L.: Der Kasperl hat hoffentlich gut aufgepaßt.
Er sagt uns, was er gelernt hat.
Kasperl: Mit den Augen höre ich – zeigt zur TA (Auge)
Mit den Ohren sehe ich – zeigt zur TA (Ohr)
L.: Dummer Kasperl! Wer kann es ihm richtig sagen?

Erarbeitung neuer Begriffe
Impuls: Unsere fünf Sinne haben uns geholfen, die Rätsel zu lösen. Wer kann die einzelnen Sinne benennen?
Ergänzung der TA

 sehen – Sehsinn – Gesichtsinn

 fühlen/tasten – Tastsinn

 riechen – Riechsinn – Geruchsinn

 hören – Hörsinn – Gehörsinn

schmecken – Schmecksinn – Geschmackssinn

Sprachliche Fixierung
Überlegt, für welchen Beruf man einen besonders guten Gesichtsinn (Tastsinn, Geruchsinn, Gehörsinn oder Geschmacksinn) braucht. Bei welchem Tier ist der Gesichtsinn (Tastsinn,...) besonders gut ausgeprägt?

Ausweitung
Überlegt, welcher der fünf Sinne für den Menschen besonders wichtig ist.
Überlegt, welche Hilfsgeräte es gibt, wenn Gesicht- oder Gehörsinn Schwächen zeigen!
Überlegt, was es bedeutet, wenn Gesichtsinn oder/und Gehörsinn völlig ausfallen!
Manchmal sagt man: Der hat ja seine fünf Sinne nicht beisammen. Was soll das heißen?
Es gibt einen „sechsten" Sinn. Kannst du dir denken, was das bedeutet?
Ein Fernsehspot nennt sich „Der 7. Sinn!"

Ausklang
Konzentrative Selbstentspannung, Wahrnehmen mit den fünf Sinnen

Setzt euch bequem hin, schließt die Augen. – Atmet ruhig, – laßt störende Gedanken fallen. – Jetzt stelle dir vor, du bist an dem Platz, wo du im Augenblick am liebsten sein möchtest, – wo du dich am wohlsten fühlst. – Du siehst um dich herum die Dinge, die dir vertraut sind, die du magst und die du brauchst, um dich zu entspannen. – Du fühlst den Boden, auf dem du gerade stehst, sitzt oder liegst. – Du nimmst den Geruch wahr, der ganz typisch ist für deinen Lieblingsaufenthaltsort. – Du hörst die Geräusche, die an dein Ohr dringen. – Und nun steckst du dir etwas in den Mund, was du gerne ißt. – Du genießt den Geschmack auf deiner Zunge. – Du hast jetzt noch eine Minute Zeit, dich auszuruhen. – Wenn die Zeit vorbei ist, werde ich bis fünf zählen, und du kommst wieder zurück zu uns in den Raum. – Eins, zwei, drei, vier, fünf, streck dich, gähne und öffne die Augen.

Wer Lust hat, kann von seiner Reise erzählen.

– Was konntest du am lebendigsten wahrnehmen: Das, was du gesehen, gefühlt, gerochen, gehört oder geschmeckt hast?
– Welcher der fünf Sinne ist dir am vertrautesten?
– Welcher Sinn ist für dich ungewohnt?
– „Siehst“ du immer alles bewußt, was dein Auge wahrnimmt?
– „Hörst“ du immer alles, was dein Ohr wahrnimmt?

Wir können nicht alle Wahrnehmungen, die durch unsere Sinnesorgane an unser Gehirn weitergegeben werden, bewußt aufnehmen, da wir sonst an einem Informationsüberschuß zusammenbrechen würden!
Übungen, wie wir gerade gemacht haben, helfen uns, die Sinne bewußter zu gebrauchen. Sie machen uns wacher, aufgeschlossener und froher. Das Lernen gelingt leichter.

14.2 Festigung der Raumbegriffe vorne – hinten, oben – unten
(Erstunterricht Mathematik)

Hinführung

Lernschritt 1

Spiel: Wo ist die Nuß versteckt?
Die Kinder stehen im Kreis. Ein Kind hält in einer Hand eine Haselnuß versteckt.
Zum Sprechtakt „Wo ist die Nuß versteckt, vorne

oder hinten?“ bewegt es seine Arme rhythmisch schwingend um die Körperlängsachse, jeweils eine Faust vor dem Bauch, die andere hinter den Rücken haltend.
Das angesprochene Kind deutet z. B. auf die vordere Hand und sagt dabei: „Vorne.“ Trifft die Antwort zu, darf es die Nuß essen, bekommt eine neue und fragt weiter.
Das Spiel kann durch die Raumbegriffe „oben – unten“ erweitert werden. Die Fäuste werden zum Sprechtakt „Wo ist die Nuß versteckt, oben oder unten?“ abwechselnd übereinander gehalten. Schwierige Variationen zur differenzierenden Übung bieten sich an:
„Wo ist die Nuß versteckt, vorne oben oder hinten unten?“ …

Durchführung

Lernschritt 2
Erfahrungen mit dem ganzen Körper

Spiel: Fliegender Fisch
(Begriffe oben – unten)
Die Kinder stehen sich in zwei Reihen gegenüber und fassen sich an den Händen. Nun legt der Lehrer ein Kind bäuchlings auf die „Wellenreihe“.
Der Fisch wird durch rhythmische Auf- und Abbewegungen der „Wellen“ hochgeworfen und nach vorne befördert, bis er am Ende der Reihe vom Lehrer aufgefangen wird. Anschließend muß er auf dem „Meeresgrund“ zurückschwimmen (vorwärtsrobben oder auf Rollbrett).

Spiel: Froschhüpfen
(Begriff vorne – hinten)
Die Kinder bilden im Abstand von etwa 1,5 m eine Reihe von „Steinen“, sie haben Hockstellung eingenommen, die Köpfe sind geduckt.
Ein Frosch steht **hinten** am Ende der Reihe, nimmt Anlauf, stützt die Hände auf den Rücken des letzten Steines und springt im Grätschsprung darüber. Wenn er über alle Steine gesprungen ist, hockt er **vorne** als erster der Reihe nieder. Nun verwandelt sich der letzte Stein in einen Frosch und springt von **hinten** nach **vorne**.
Das Spiel ist zu Ende, wenn jedes Kind einmal als Frosch die ganze Reihe abgesprungen ist.
Es läßt sich auch gut als Gruppenwettbewerb durchführen.

Lernschritt 3

Entspannungsübungen

Auf akustische Signale reagieren

Die Kinder liegen auf dem Rücken, nebeneinander in einer Reihe, jedoch ohne sich gegenseitig zu berühren, die Arme neben sich.
Der Lehrer spielt abwechselnd mit Fingerzimbeln und Trommel.
Könnt ihr die Begriffe **oben** und **unten** mit den Instrumentalgeräuschen verbinden?
Sch.: Die Zimbeln klingen hell, die Trommel dunkel. Helle Töne sind hoch – **oben**, dunkle Töne sind tief – **unten**.
L.: Wenn ich nachher mit den Zimbeln spiele, zeigt ihr mit einer Hand **nach oben**, wenn ich mit der Trommel spiele, patscht ihr mit einer Hand auf den Boden – **nach unten**.
Nun denkt einmal an den Esel aus dem Märchen „Tischlein deck dich". Ich werde euch jetzt Geräusche vorspielen, und ihr versucht, sie mit vorn und hinten in Zusammenhang zu bringen:
Ia, ia, ia
Geldstücke in ein Gefäß prasseln lassen
Sch.: Der Esel sagt Ia, der Kopf ist **vorne**. Die Goldstücke kommen **hinten** raus.
L.: Wenn ich nachher Ia sage, zeigt ihr mit einer Hand nach **vorne** zu mir, wenn ich mit Geldstücken klappere, zeigt ihr nach **hinten** zur Wand.
Schließt jetzt die Augen, und hört zu!

Auf optische Signale reagieren

Die Kinder bewegen sich nach ruhiger Musik langsam durch den Raum. Sobald die Musik abgestellt wird, bleiben sie stehen und schauen zum Lehrer, der an einer Längswand steht und eine Bildkarte sichtbar hochhält. Vier verschiedene Bildkarten symbolisieren die Raumbegriffe.

 oben

 unten

 vorne

 hinten

Wenn die Bildkarte mit der Sonne hochgehalten wird, klettern die Kinder auf irgendein Gerät. Bei der Bildkarte Gras legen sich alle sofort auf den Bauch.
Bildkarte drei bedeutet: Lauft alle nach vorne zur Tür.
Bildkarte vier bedeutet: Setzt euch da hinten an die Wand.

Auf Berührung reagieren

Die Kinder sitzen im Schneidersitz in Kreisform, schließen die Augen und hören Musik.

Wer von mir vorne (Brust) oder oben (Kopf) berührt wird, steht auf und setzt sich leise auf die Langbank. Wer hinten (Rücken) oder unten (Fuß) berührt wird, bleibt noch liegen.

Lernschritt 4

Erfahrung sammeln im Umgang mit Materialien
Übung mit Sandsäckchen
Die Kinder legen sich ein Sandsäckchen oben auf den Kopf und versuchen, damit zu gehen (laufen), ohne es festzuhalten.

Steigt damit über die Langbank. – Versucht ein Stück die Sprossenwand hinaufzuklettern. – Setzt euch auf den Boden. – Steht auf, ohne es anzufassen, – setzt euch wieder hin.
Legt euch auf den Rücken. – Legt euch das Sandsäckchen oben auf den Bauch. – Beobachtet die Auf- und Abbewegung beim Atmen. – Wer kann es mit den Bauchmuskeln bewegen? – Je zwei Kinder legen ein Sandsäckchen unten auf ihre Füße und transportieren es gemeinsam vorwärts. – Jeder versucht, sein Sandsäckchen von vorne über den Kopf nach hinten auf den Rücken zu schwingen, – macht dabei schnell einen Buckel.

Übung mit Jongliertüchern (Chiffon- oder Seidentücher). Je zwei Kinder balancieren nebeneinander über Langbänke nach hinten; am Ende der Langbänke lassen sie ihre Jongliertücher schweben – von oben nach unten (Mitbewegungen der Zuschauer).

Weiterführung

Lernschritt 5
Übertragung der Raumbegriffe auf die waagerechte Fläche als grafische Übungen

Oben – unten

Die Schwebespuren des Jongliertuches mit Zuckerkreide als Beidhandübung auf schwarzes Tonpapier zeichnen lassen

Spure immer von oben nach unten!

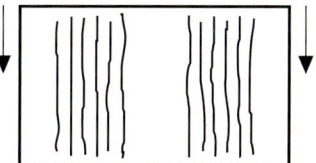

Vorne – hinten

Eine Kugel immer wieder von vorne nach hinten rollen lassen

Zuckerkreide, Filzstifte oder Wachsmalkreide

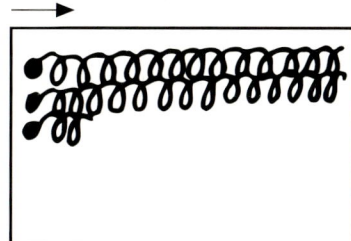

14.3 Dinge unterscheiden sich – Wiewörter beschreiben die Dinge
(Deutsch-Sprachlehre)

Motivation

Der Lehrer hebt eine Tüte hoch: Ich habe euch etwas mitgebracht.

Ziel

Ihr sollt mit verbundenen Augen raten, was es ist, und feststellen, wodurch sich die Dinge unterscheiden. Wir wollen die Dinge beschreiben.

Erarbeitung

Wir erraten die Dinge (TZ 1)

Ein Kind mit verbundenen Augen bekommt einen Ball in die Hand. Es muß nun durch Befühlen und Beriechen den Gegenstand beschreiben. Es ist ein Ball... er ist rund, glatt, weich... riecht nach Gummi...

L.: Sag uns auch, welche Farbe der Ball hat.
Sch.: Das kann ich nicht fühlen, das muß ich sehen... (nimmt sich die Binde ab)... er ist blau...

Ein anderes Kind mit verbundenen Augen bekommt eine Tafel weiße Schokolode (ohne Umhüllung) in die Hand. Es fühlt die Form... die Oberflächenbeschaffenheit... glatt mit Rippen... das ist eine Schokolade... drückt... hart, kostet ein Stück... süß – und darf sie schließlich ansehen... weiß

Ein drittes Kind befühlt einen Apfel... rund... glatt... hart... es beißt ein Stückchen ab... süß und saftig – und schaut ihn an... er ist rotbackig.

Das vierte Kind errät die Salzstange: lang... rauh... salzig... gelb...

Ergebnis mit TA: Dinge unterscheiden sich

Welche Wörter sagten uns, **wie** die Dinge sind? (TZ 2)
Der L. zeichnet einen Ball an die Tafel und notiert die von den Schülern genannten Begriffe:

...der Ball ist *rund*
...der Ball ist *weich*
...der Ball ist *glatt*
...der Ball ist *blau*

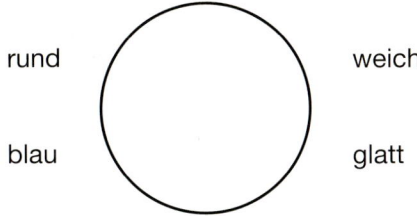

Sprechübung: Es gibt andere Dinge, die rund, weich, glatt und blau sind...

Analog des ersten Beispieles werden die anderen Begriffe wiederholt und notiert.

rund	weich	rund	rotbackig
TA blau	glatt	glatt	saftig
weiß	hart	gelb	salzig
viereckig	süß	lang	rauh

Ergebnis:

mit TA: Wiewörter sagen uns, wie die Dinge sind. Wiewörter werden klein geschrieben.

Verinnerlichung

Schließe deine Augen, konzentriere dich auf dein inneres Auge. – Paß gut auf, was ich sage. Du sollst sehen, fühlen, schmecken, riechen, wie die Dinge sind. – Stell dir ein langes Seil vor, – einen kurzen Bleistift. – Du siehst einen kleinen Ball, – du siehst einen riesengroßen Ball, – eine dicke Kerze, – eine dünne Kerze, – eine weiße Bluse, – einen schwarzen Pullover. – Du hängst nasse Wäsche auf die Leine. – Du nimmst die trockene Wäsche ab. – Du ißt eine saure Zitrone, – du trinkst süße Limonade. – Du hörst einen tiefen Summton, – du hörst Vogelgezwitscher. – Du riechst Parfum.

Impulse

– Was konntest du dir am besten vorstellen?
– Weißt du noch, was du getrunken hast?
– Weißt du noch, was du gesehen hast?
– Weißt du noch, was du angefaßt/gerochen hast?
– Wie war die Wäsche?
– Wie war das Seil?
– Wie waren die Kerzen…?

Übung

Stillarbeit – Differenzierung – Arbeitsblätter

Wiewörter beschreiben die Dinge

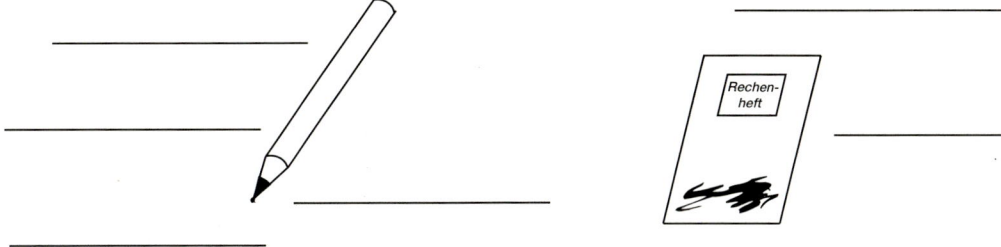

_____

_____

_____

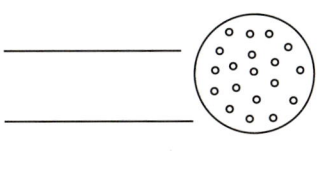

① Schreibe zu jedem Bild die passenden Wiewörter!

spitz – modern – viereckig – kugelrund – walzenrund –
schnell – dünn – glatt – lang – groß – teuer –
gepunktet – verschmiert – weich – neu – schmutzig

② Bilde Sätze!

Das Heft ist verschmiert. Der Bleistift ist spitz ...

Verschiedene Äpfel

Dieser Apfel ist **groß**.	Dieser Apfel ist **klein**.
Dieser Apfel ist **verfault**.	Dieser Apfel ist **gelb**.
Dieser Apfel ist **rot**.	Dieser Apfel ist **fleckig**.
Dieser Apfel ist **wurmig**.	Dieser Apfel ist **winzig**.

14.4 Parcours zur Wiederholung der Mengen- und Zahlbegriffe bis 9
(Erstunterricht Mathematik)

Lernhilfen

Lehr- und Lernmittel, Therapiegeräte in der Reihenfolge des Einsatzes

Kassettenrekorder, Kassetten: Tanzkarussell (Fidula), Traumland der Panflöte (Polystar),
Ziffernschablonen 1–9 aus Pappe, Mengenkarten, Tamburin
Drehscheibe, farbiges Tonpapier in Blütenform, Rechtecke aus braunem Tonpapier (15 × 20 cm), Muggelsteine
Decke, Muggelsteine
Langbank, Trommel, Gymnastikstäbe,
zwei Paar Laufdollies, Ziffernkarten, zwei Korkplatten, Hammer, Nägel
drei Krickettore, drei Kricket- bzw. Eishockeyschläger, Muggelsteine mit Mengenaufdruck, Ziffernkarten für Tore
Trampolin, Tastmengenbrettchen, Ziffernbrettchen
Langbank, Magnetangel, Fische mit Büroklammern, 9 Fische mit aufgedruckter Ziffer 1–9
9 Fische mit aufgedruckter Menge 1–9
9 Gymnastikkeulen, Ball
Schaumstoffmatte
Kasten, Tamburin, Triangel, Bonbons
Arbeitsblatt

Unterrichtsverlauf

Einstimmung

Sicherung der Raumlage der Ziffernzeichen 1–9
Jedes Kind bekommt eine Zahlenschablone aus Pappe.
Die Schüler bewegen sich zur Musik „Tanzkarussell", die Schablone ständig in der Hand drehend, durch den Raum.
Sobald die Musik gestoppt wird, legen sie die Ziffer in der richtigen Raumlage vor sich hin.

Konzentrationsübung – auditive Wahrnehmung

Jedes Kind nimmt sich ein Mengenkärtchen, legt sich ruhig auf den Boden,
schließt die Augen und hört Musik (Panflöte).

Auf der Trommel werden zwischendurch Mengen angeschlagen.
Wer seine Menge identifiziert, steht leise auf, gibt sein Kärtchen ab und setzt sich an die Seite.

Handelnde Übungsphase: Parcours

Ankündigung durch den Lehrer: Jetzt kommt der Zauberer zu uns und verzaubert den Raum in einen verwunschenen Garten.
Der Lehrer verkleidet sich mit Umhang, Zauberhut und Zauberstab, nimmt nacheinander je ein Gerät und verzaubert es, gemeinsam mit den Kindern sprechend:
Zimbe, zambe, zimbalu,
ich bin der Zauberer Zizibu,
ich verzaubere diese Drehscheibe
in eine große Blüte,
9, 8, 7, 6, 5, 4, 3, 2, 1
du bist jetzt eine große Blüte.
(Farbiges Papier in Blütenform wird aufgeklebt)

Dieselbe Zauberformel wird bei den übrigen Geräten gesprochen:

Die Wolldecke wird zur Höhle,
die Langbank wird zum Baumstamm,
die Laufdollies werden zu Zauberschuhen,
die Krickettore werden zu Gartentoren,
das Trampolin wird zum Springbrunnen,
die Gymnastikkeulen werden zu Kegeln,
die Langbank wird zur Brücke,
die Schaumstoffmatte wird zum Wassergraben,
und der Kasten wird zum Märchenschloß.

Die ständige Wiederholung der Zauberformel mit der absteigenden Zahlenfolge 9 ... 1 zielt auf das Einprägen der Zahlenreihe (ordinaler Aspekt).
Der Zauberer, der sich wieder in einen Lehrer zurückverwandelt, erklärt die Funktion der einzelnen Stationen: Wer den Schlüssel zum Märchenschloß bekommen will, muß zuerst verschiedene Aufgaben erfüllen.

Station 1 – Große Blüte (Drehscheibe)

Ergänzen und Vermindern von Mengen

Ein Kind setzt sich auf die Drehscheibe, dreht sich und bringt das vom Pfeil gezeigte Blumenbeet in Ordnung.

Beispiel:
In einem Beet sollen immer 9 Blumenzwiebeln stecken, Muggelsteine werden weggenommen oder dazugelegt.

Partnerwechsel nach jeder Aufgabe.

Station 2 – Höhle (Decke)

Taktile Mengenerfassung

Ein Kind kriecht in die Höhle und wird vom Partner mit dem Finger auf dem Rücken berührt.
Das Kind merkt sich, wie oft es berührt wurde, ertastet im Dunkeln entsprechend viele Goldstücke (Muggelsteine), kriecht aus der Höhle und gibt sie dem Partner in die Hand, wobei es die entsprechende Zahl nennt.
Partnerwechsel nach je einer Aufgabe.

Station 3 – Baumstamm (Langbank)

Akustische Mengenerfassung

Ein Kind schlägt verdeckt auf der Trommel (1–9 Schläge), die zwei anderen Partner richten sich entsprechend viele Gymnastikstäbe her, balancieren damit über den Baumstamm und legen sie ab. Partnerwechsel nach je einer Aufgabe.

Station 4 – Zauberschuhe (Laufdollies)

Optisches Erfassen von Ziffern

Ein Kind zeigt seinen zwei Partnern blitzschnell je eine Ziffernkarte.
Sie merken sich diese Zahlen und gehen mit den Zauberschuhen zum „Arbeitsplatz", wo sie mit Holzhammer und Nägeln die entsprechenden Mengen auf Korkplatten nageln.
Der dritte Partner kontrolliert.

Station 5 – Gartentore (Krickettore)

Simultanerfassung von Mengen

Über den drei Toren werden folgende Ziffern angebracht:

1. Tor	3	6	9
2. Tor	2	4	8
3. Tor	1	5	7

Im Abstand von etwa 1,5 m zu den Toren liegen große Muggelsteine, die mit den Mengen von 1 bis 9 bemalt sind, pro Ziffer etwa fünf Steinchen mit der entsprechenden Menge.

Jedes der drei Kinder erhält ein Tor und versucht, auf ein Startzeichen hin möglichst schnell seine Scheibchen mit dem Schläger ins Tor zu schießen.

Station 6 – Springbrunnen (Trampolin)

Taktiles Erfassen von Mengen

Aus dem Brunnen (unter dem Trampolin) holt sich das Kind eine Mengentafel, ertastet die Anzahl der ausgefrästen Punkte und ordnet sie, im Kreise springend, der entsprechenden Ziffer zu.

Station 7 – Kegelspiel (Gymnastikkeulen)

Simultanerfassung von Mengen

Die drei Partner zielen abwechselnd mit einem Ball auf ein Kegelspiel. Nach jedem Wurf wird das Spiel wieder aufgestellt.
Wer hatte die meisten Treffer?

Station 8 – Fischweiher (Langbank)

Mengen und Ziffern zuordnen

An den beiden Enden einer umgedrehten Langbank sind Fischteiche angelegt. Im ersten Teich schwimmen Fische mit aufgedruckten Ziffern, im zweiten schwimmen Fische mit aufgedruckten Mengen. Ein Kind angelt sich einen Ziffernfisch, balanciert zur Bankmitte, gibt den Fisch einem Partner, balanciert zum anderen Bankende, um sich dort den entsprechenden Mengenfisch zu fangen, den es ebenfalls abgibt.
Die beiden Partner kontrollieren die Fänge.

Vertiefung

Akustische Reihenfolgen erkennen und wiedergeben

Nach Durchlauf der acht Parcours-Stationen stellen sich die Kinder in einer Reihe hinter der Schaumstoffmatte auf und „schwimmen", purzeln, drehen oder hüpfen nacheinander durchs Wasser zum verwunschenen Schloß.
Aus dem Schloß ertönt jeweils ein bestimmter Schlagrhythmus – bis 9 Schläge – auf dem Tamburin. Dieser wird von einem Kind auf einem bereitgelegten Triangel imitiert.
Bei Übereinstimmung wird das Kind mit einem aus dem Schloß fliegenden Bonbon belohnt.

Stillarbeit

Jeder Schüler, der seine Belohnung bekommen hat, setzt sich an die Seite und beginnt mit der Lösung der schriftlichen Arbeitsaufträge.
Der verwunschene Garten steht den Kindern, die das Arbeitsblatt fertiggestellt haben, noch so lange zur Verfügung, bis die Zauberglocke ertönt.

Ausklang

Die Entzauberung erfolgt wieder durch den Zauberer und die ganze Klasse:

Zimbe, zambe, zimbalu,
ich bin der Zauberer Zizibu,
du bist jetzt wieder die Drehscheibe
9, 8, 7, 6, 5, 4, 3, 2, 1   usw.

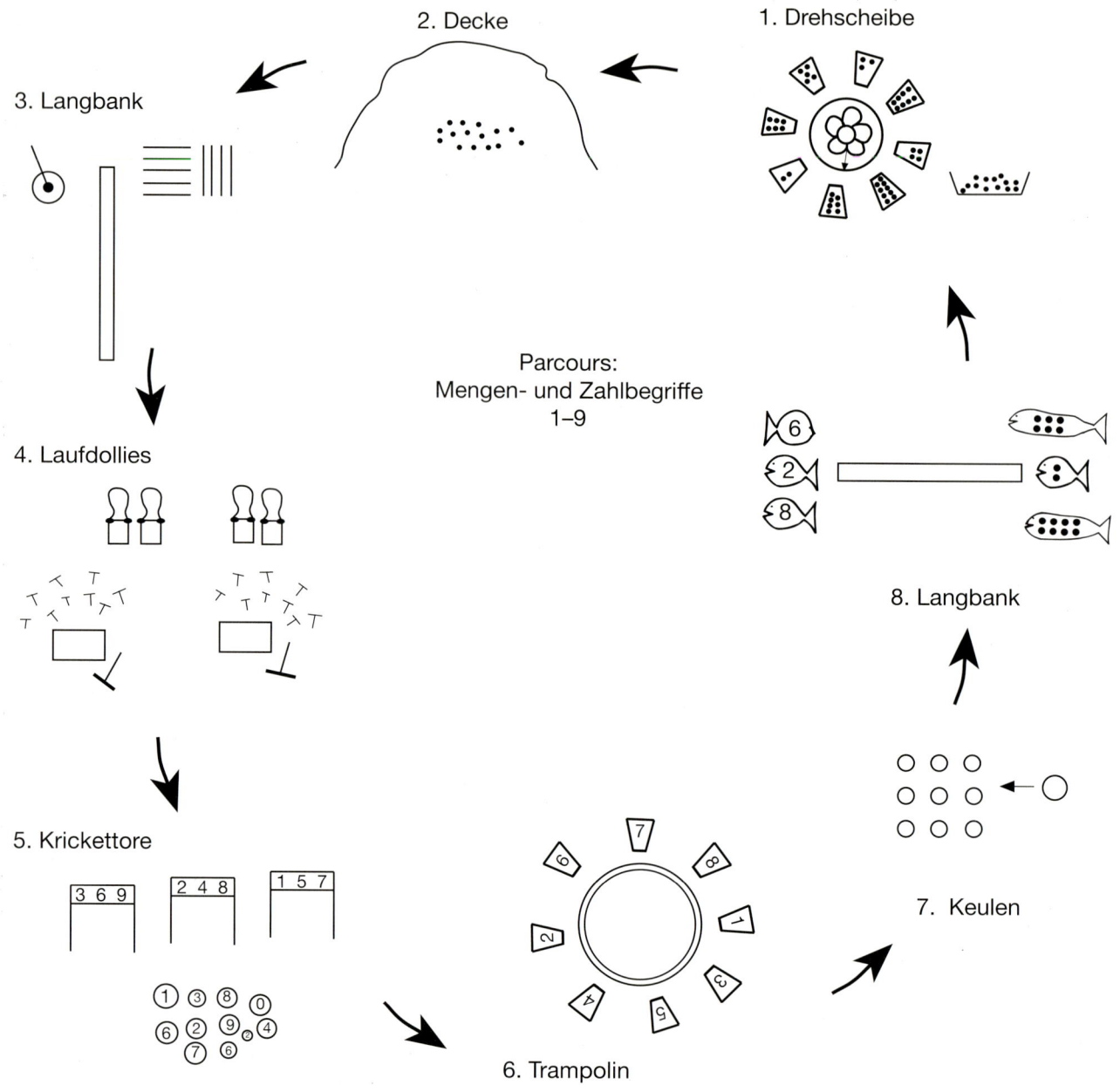

2. Decke

1. Drehscheibe

3. Langbank

Parcours:
Mengen- und Zahlbegriffe
1–9

4. Laufdollies

8. Langbank

5. Krickettore

3 6 9   2 4 8   1 5 7

① ③ ⑧ ⓪
⑥ ② ⑨ ④
⑦ ⑥

7. Keulen

6. Trampolin

Je drei Kinder arbeiten an einer Station. Pro Station sind ca. drei Minuten vorgesehen. Zum Wechsel wird ein akustisches Signal verwendet:

1mal Tamburin anschlagen bedeutet aufräumen
2mal Tamburin anschlagen bedeutet in Pfeilrichtung zur nächsten Station weitergehen

80

① **Wieviel Blumen sind es?**

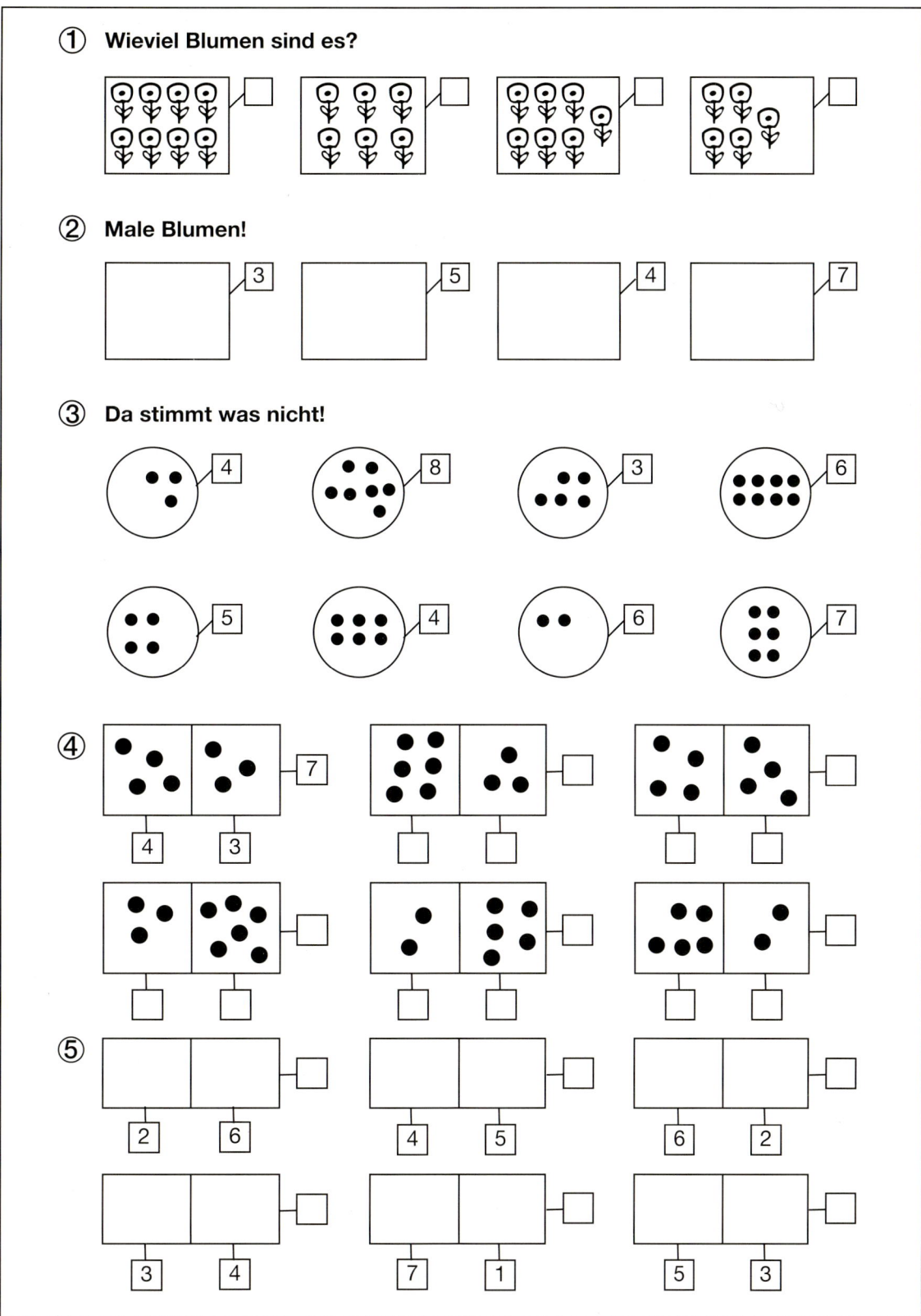

② **Male Blumen!**

③ **Da stimmt was nicht!**

④

⑤

14.5 Parcours zum Erstlesen nach den ersten Schulwochen

Nach dem Muster dieses Unterrichtsbeispiels können auch Lernwörter für Nachschriften wiederholt werden.

Einstieg

Die Kinder tanzen frei im Raum zu rhythmischer Musik. Sie bewegen sich vorwärts, rückwärts, seitlich und führen dabei Überkreuzbewegungen mit Armen und Beinen aus, auch die Augen blicken in alle Richtungen (vgl. Dennison, 1990).

Konzentrationsübung

Sicherung der Raumlage der bereits erarbeiteten Buchstaben:

M m, O o, A a, I i, L l, T t, R r, S s, W w, U u, D d, E e...

Jedes Kind bekommt einen Holzbuchstaben oder eine Buchstabenschablone aus Pappkarton.
Dann gehen die Kinder zur Musik „Tanzkarussell", den Buchstaben ständig in der Hand drehend, durch den Raum. Sobald die Musik gestoppt wird, legen sie ihn in der richtigen Raumlage vor sich hin. Anschließend erfolgt ein Buchstabentausch, und das Spiel beginnt von vorne.

Akustische Analyse

Jedes Kind nimmt sich ein Buchstabenkärtchen, legt sich ruhig auf den Boden und hört Musik.
Zwischendurch werden vom Lehrer Wörter angesagt: Mond, Ofen, Apfel, Igel, Limo...
Wer seinen Buchstaben am Wortanfang heraushört, steht auf, gibt sein Kärtchen leise ab und setzt sich an die Seite.

Handelnde Übungsphase: Parcours
Aufbau der Stationen mit Erklärung

Station 1 – Taktiles Erkennen der Einzelbuchstaben

Drehscheibe – als Ersatz dient eine flauschige Unterlage. Ein Kind sitzt mit verbundenen Augen auf der Drehscheibe, dreht sich bzw. versetzt sich auf der flauschigen Unterlage in eine Kreiselbewegung um die eigene Achse und nimmt sich dann einen Holzbuchstaben, befühlt die Form und benennt sie. Der Partner kontrolliert die Antwort.
Nach drei Durchgängen findet ein Partnerwechsel statt.

Station 2 – Silbenlesen

Angelspiel

In einem abgegrenzten Feld, dem See, liegen zerschnittene Wortkärtchen mit Büroklammern.
Ein Kind erhält eine Magnetangel. Der Partner nimmt eine Bildkarte, zeigt sie und wartet auf die passenden Silbenkärtchen, die aus dem See geangelt werden müssen.
Partnerwechsel jeweils nach einem Beispiel.

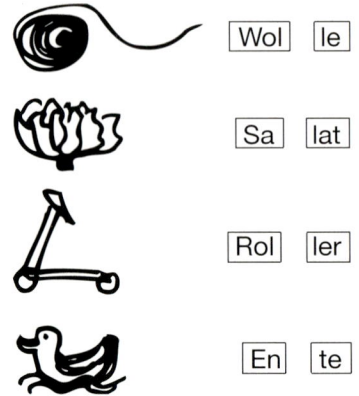

Station 3 – Aufbau von bekannten Wörtern

Xylophon

Auf einem großen Xylophon sind Buchstabenaufkleber angebracht. Ein Kind nimmt eine Wortkarte und liest sie vor, das andere Kind spielt mit dem Klöppel das Wort ab und spricht dazu.
Partnerwechsel erfolgt nach jedem Wort.

Station 4 – Nachspuren der Buchstaben im richtigen Bewegungsablauf

Schreibkäferchen

Auf einem Pappkarton, ca. 40 × 60 cm, sind bekannte Druckbuchstaben aufgeschrieben.
Ein Kind spurt mit einem kleinen Magnetkäfer die jeweilige Buchstabenform nach, der Partner beobachtet und korrigiert nach Bedarf.

Station 5 – Zusammenlesen

Hüpfkästchen

Auf dem Boden liegen vier bis fünf Wörter in verschiedenen Farben, die in einzelnen Buchstabenkarten zerschnitten worden sind, in ungeordneter Reihenfolge. Die Kinder erraten die Wörter.
Ein Kind hüpft beidbeinig zu den entsprechenden Buchstaben und spricht dabei die Laute, das andere schreibt das Wort auf ein Blatt Papier, z. B.

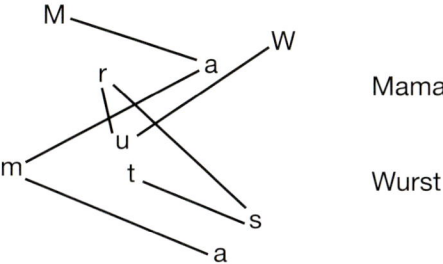

Mama

Wurst

Station 6 – Akustische Analyse

Flußüberquerung

Links und rechts der Langbank liegen verdeckte Bildkarten. Ein Kind nimmt sich eine Selbstlautkarte vom Stoß vor der Bank, z. B. ein „u", balanciert über den Balken, holt sich eine Bildkarte vom Boden und entscheidet, ob der genannte Buchstabe im Wort zu hören ist. Falls ja, legt es die beiden Karten am Ende des Balkens in eine vorbereitete Schachtel „U". Wenn der betreffende Buchstabe nicht zu hören ist, nimmt der Partner die Karten und legt sie zur Seite.

Station 7 – Buchstaben erkennen und deutliches Artikulieren

Drehen am Hängetau

Ein Kind sitzt auf dem Knoten des Hängetaus und wird vom Partner eingedreht. Beim Ausdrehen muß es sehr schnell die vom Partner hochgehaltenen Buchstaben erfassen und vorlesen, eventuell auch mit Silben oder Wortkarten.

Station 8 – Buchstabensynthese

Sprossenwand mit eingehängter Langbank als Rutschbahn

Über der Sprossenwand sind Wortkarten an die Wand geheftet. Ein Kind klettert hoch, nimmt sich eine Karte, setzt sich auf die Langbank und liest beim Rutschen das Wort vor.

Station 9 – Lautieren

Trampolin

Ein Partner hält eine Bildkarte hoch, z. B. einen Esel, der andere sucht sich, während er auf dem Trampolin springt, aus den herumliegenden Buchstabenkarten die entsprechenden Karten heraus, indem er langsam spricht: E-s-e-l.
Danach holt er sich die Buchstaben und legt sie zur Bildkarte auf den Boden.

Station 10 – Anzahl der Laute im Wort erkennen

Boxen

Ein Kind kniet vor einer Schaumstoffmatratze oder vor einem Therapieball, der in einer Ecke liegt. Auf dem Boden sind unterschiedlich lange Wörter verteilt, die beide Kinder gemeinsam erlesen. Nun boxt das Kind die Anzahl der Laute, ohne zu sprechen, gegen den Ball. Der Partner errät das Wort. Wortbeispiele: Esel, Oma, Mutti, du, Trommel, Wasser

Station 11 – Lautunterscheidung D – T

Rollbrett

Ein Stoß Bildkarten (Tintenfaß, Dach, Drachen, Torte, Tomate, Tür, Tisch, Dreieck, Dackel, Deckel) liegt verdeckt auf dem Boden. Ein Kind nimmt die obere Karte und spricht sie deutlich vor. Das andere Kind liegt auf einem Rollbrett und fährt durch das entsprechende mit D oder T gekennzeichnete „Tor".

Station 12 – Purzelwörter als große Muggelsteine, jeder mit einem Buchstaben beschriftet

Kricketspiel

Auf dem Boden verteilt liegen sechs verschiedene Purzelwörter. Etwa zwei Meter davon entfernt liegt eine Reihe entsprechender Bildkarten. Beide Partner können nun mit je einem Kricketstab in Wettbewerbsform die Buchstabensteinchen in richtiger Reihenfolge den Bildkarten zuordnen.

Station 13 – Lückenwörter

Buchstabentasten

Ein Kind hält die Karte mit einem Lückenwort hoch, z. B. H.se. Beide Kinder überlegen, welcher Buchstabe fehlt. Dann greift ein Partner in einen

Tastsack und erfühlt den entsprechenden Holzbuchstaben.

Station 14 – Einfache Sätze „lesen" und aufschreiben

Stempeln

Ein Kind erhält einen Satzstreifen, z. B. Wo ist Ulla?

Es schreibt Buchstaben für Buchstaben dem anderen Kind auf den Rücken.

Dieses muß den jeweiligen Buchstaben erraten und ihn sofort auf ein Blatt Papier stempeln.

Station 15 – Groß- und Kleinbuchstaben zuordnen

Sandschreiben

Ein Holzlegerahmen ist mit einer Gries- oder Vogelsandschicht bedeckt.

Ein Partner zeigt eine Buchstabenkarte, der andere schreibt den dazugehörenden Groß- bzw. Kleinbuchstaben in den Sand. Mit Hilfe eines Kontrollblattes kann die Arbeit sofort berichtigt werden.

Ausklang

Jedes Paar räumt die Gegenstände seiner Station zusammen und setzt sich in den Kreis.

Nun erfolgt noch ein Erfahrungsaustausch:

– Hat dir das „spielende Lernen" Spaß gemacht?
– Welche Station hat dir am besten gefallen?
– Welche Übung fandest du nicht so gut?
– Konntest du mit deinem Partner zusammenarbeiten?
– Hast du selbst eine Idee für eine Übungsstation?

Lied

Nach der Melodie „Wer will fleißige Handwerker sehn":

„Wer will fleißige Schulkinder sehn,
ei, der muß zu uns her gehn,
glaubt uns das, glaubt uns das,
das Üben im Parcours macht Spaß."

Bei dem dargestellten Parcours sollen die Kinder nach den ersten Schulwochen zeigen, was sie gelernt haben.

Jeweils zwei Kinder arbeiten an einer der fünfzehn Stationen zusammen. Die Zahl der Stationen entspricht der halben Klassenfrequenz. Bei geringerer Schülerzahl werden einzelne Übungen ausgegliedert.

Folgende Spielanleitungen erleichtern den Parcoursablauf:

Bei einem Trommelschlag wird aufgeräumt, d. h. die Anordnung der Medien in den ursprünglichen Zustand gebracht.

Bei zwei Trommelschlägen gehen die Paare zur nächsten Station weiter.

Am Ende soll jedes Paar alle Stationen bearbeitet haben. Die Arbeitsdauer für eine Übungsphase beträgt etwa zwei Minuten.

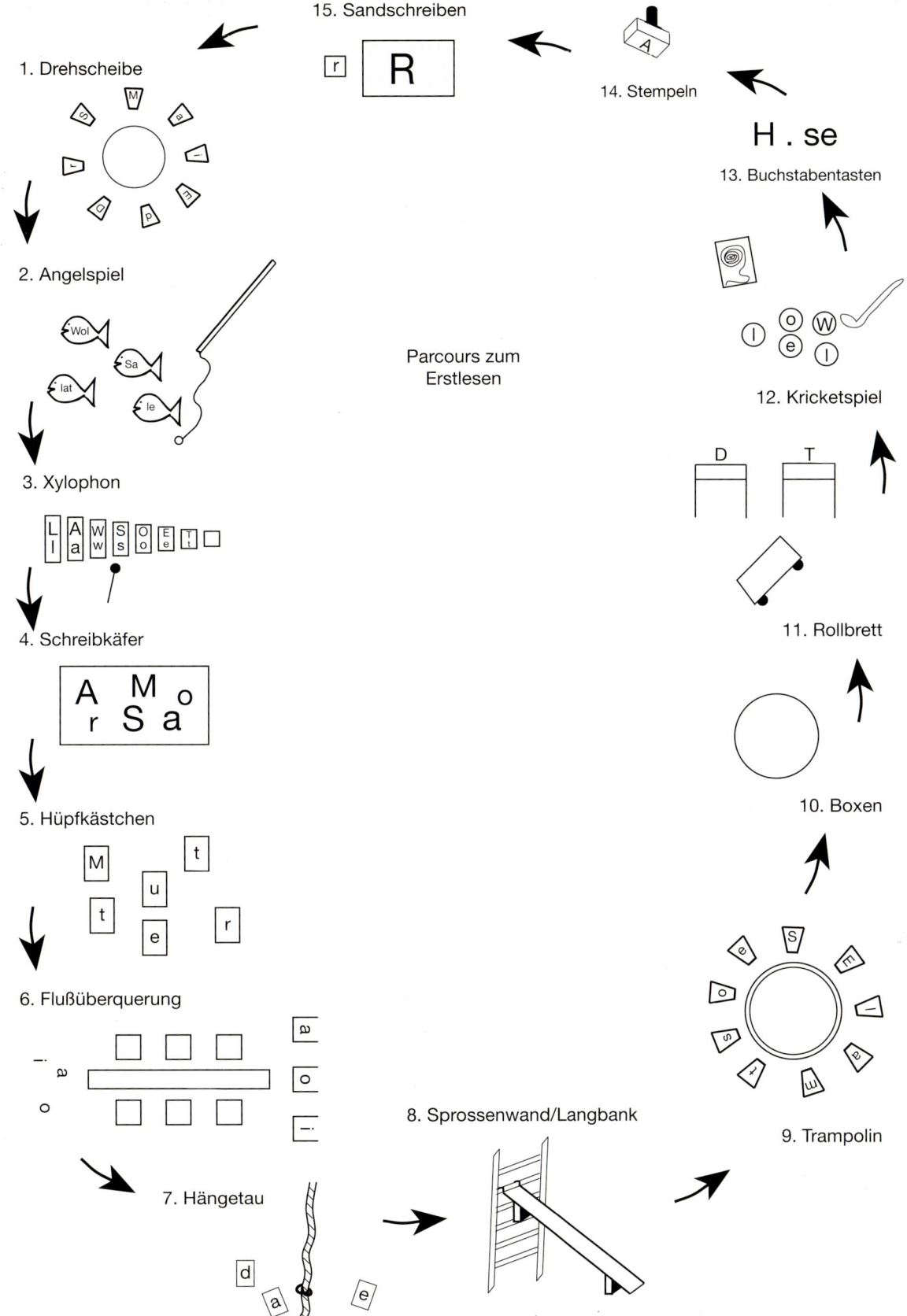

15. Sandschreiben

1. Drehscheibe

14. Stempeln

13. Buchstabentasten

H . se

2. Angelspiel

Parcours zum
Erstlesen

12. Kricketspiel

3. Xylophon

11. Rollbrett

4. Schreibkäfer

10. Boxen

5. Hüpfkästchen

9. Trampolin

6. Flußüberquerung

8. Sprossenwand/Langbank

7. Hängetau

85

Literatur

Ayres, J.: Lernstörungen. Berlin 1979

Ayres, J.: Bausteine der kindlichen Entwicklung. Berlin 1984

Bächli, G.: Der Tausendfüßler. Hannover, o. J.

Böschemeyer, H. u. a.: Kommunikation im ersten Schuljahr. Hamburg 1977

*Brüggebors, G. u. a.: Einführung in die sensorische Integration. Dortmund 1991

Dennison, P. u. a.: Brain Gym. Freiburg 1991

Dennison, P. u. a.: Lehrerhandbuch Brain Gym. Freiburg 1991

Diehl, B. u. a. (Hrsg.): Moderne Suggestionsverfahren. Barcelona 1990

*Doering, W. u. a. (Hrsg.): Sensorische Integration. Dortmund 1990

*Dordel, S.: Bewegungsförderung in der Schule. Dortmund 1991, 2. Aufl.

*Dutschmann, A.: Aggressivität bei Kindern. Dortmund 1982

Eggert, D. (Hrsg.): Psychomotorisches Training. Weinheim 1989, 3. Aufl.

*Ehrlich, P. u. a.: Bewegungsspiele für Kinder. Dortmund 1990, 3. Aufl.

*Ehrlich, P. u. a.: Bewegungsspiele mit dem Pedalo. Dortmund 1987

*Fallak, W.: Tanzen mit Behinderten. Dortmund 1987

Groffmann, K.-J. u. a. (Hrsg.): Persönlichkeitsdiagnostik, Bd. 3. Göttingen 1982

Groffmann, K.-J. u. a. (Hrsg.): Verhaltensdiagnostik, Bd. 4. Göttingen 1983

Hartmann, J.: Zappelphilipp Störenfried. München 1988, 3. Aufl.

*Hippenstiel, C.-M. u. a.: Konzentrations-Trainingsprogramm. Dortmund 1990

*Holzapfel, H.: Lerntheoretisch orientiertes Hirnleistungstraining. Dortmund 1990

*Huber, G. u. a. (Hrsg.): Psychomotorik in Therapie und Pädagogik. Dortmund 1990

Kiphard, E.: Mototherapie, Teil I und II. Dortmund 1986, 2. Aufl.

Kiphard, E.: Motopädagogik. Dortmund 1984, 2. Aufl.

*Kiphard, E.: Löse dich vom Streß. Dortmund 1990

Kiphard, E. u. a.: Erziehung durch Bewegung. Dortmund 1987, 7. Aufl.

*Kiphard, E. u. a.: Der Clown in Dir. Dortmund 1986

*Kiphard, E. u. a.: Steps of Development. Dortmund 1990

Leutz, G.: Psychodrama. Berlin 1974

*Marbacher, P.: Bewegen und Malen. Dortmund 1991

Masters, R. u. a.: Bewußtseinserweiterung über Körper und Geist. München 1986, 2. Auflage

*Mertens, K.: Lernprogramm zur Wahrnehmungsförderung. Dortmund 1989, 3. Aufl.

*Mertens, K. u. a.: 10 Minuten Bewegung. Dortmund 1991

*Meusel, W. u. a.: Allerlei Bewegung. Dortmund 1991

*Molnar, A. u. a.: Verhaltensprobleme in der Schule – Lösungsstrategien. Dortmund 1990

Murdock, M.: Dann trägt mich meine Wolke… Freiburg 1990, 3. Aufl.

Müller, E.: Auf der Silberlichtstraße des Mondes. Frankfurt 1990

Müller, E.: Du spürst unter deinen Füßen das Gras. Frankfurt 1990

*Naville, S. u. a.: Vom Strich zur Schrift. Dortmund 1991

Oaklander, V.: Gestalttherapie mit Kindern und Jugendlichen. Stuttgart 1987, 3. Aufl.

*Olbrich, I: Auditive Wahrnehmung und Sprache. Dortmund 1989

*Radigk, W.: Kognitive Entwicklung und zerebrale Dysfunktion. Dortmund 1990, 2. Aufl.

*Rigling, P.: Hirnleistungstraining. Dortmund 1989, 2. Aufl.

Rozman, D.: Mit Kindern meditieren. Frankfurt 1982

*Schilling, F.: Spielen – Malen – Schreiben. Dortmund 1991

*Schopler, E. u. a.: Strategien der Entwicklungsförderung. Dortmund 1990, 2 Aufl.

Schottenloher, G.: Kunst- und Gestaltungstherapie. München 1989, 2. Aufl.

*Sinnhuber, H.: Optische Wahrnehmung und Handgeschick. Dortmund 1990, 2. Aufl.

Steinhausen, H.-C. (Hrsg.): Das konzentrationsgestörte und hyperaktive Kind. Stuttgart 1982

*Trapmann, H. u. a.: Auffälliges Verhalten im Kindesalter. Dortmund 1990, 7. Aufl.

*Treeß, H. u. a.: Soziale Kommunikation und Integration. Dortmund 1990

Vopel, K.: Kinder ohne Streß. Teil I – V. Hamburg 1991, 2. Aufl.

Vopel, K.: Interaktionsspiele für Kinder. Teil I – IV. Hamburg 1989, 4. Aufl.

*Westhoff, K. u. a.: Hilfen bei Konzentrationsproblemen in den Klassen 5 bis 10. Dortmund 1990

*Gerr, R.: Ringen – Raufen als psychomotorisches Bildungs- und Erziehungsmittel. Dortmund 1981

Whitmore, D.: Kreativitätsspiele mit Kindern. München 1988

Wied, U.: Kunsttherapeutische Gruppenarbeit in der psychoanalytischen Heilpädagogik. Heidelberg 1988

*Zimmer, R. (Hrsg.): Spielformen des Tanzens. Dortmund 1990, 2. Aufl.

Zimmer, R. u. a.: Psychomotorik. Bd. 190. Schorndorf o. J.

*Zinke-Wolter, P.: Spüren – Bewegen – Lernen. Dortmund 1991

Bei den mit * gekennzeichneten Titeln handelt es sich um empfehlenswerte weiterführende Literatur zum Thema.

Resonanzfragebogen

Bitte lesen Sie die folgenden Fragen aufmerksam durch und kreuzen Sie Ihre Antwort an. Senden Sie den ausgefüllten Fragebogen bitte an die Autoren ein. Ihre persönliche Meinung hilft bei der Verbesserung und Erweiterung dieses Buches.

1. Hat Ihnen dieses Buch im Unterrichtsalltag geholfen?

   Ja

   Nein

   Weiß nicht

2. Welcher Teil oder welche Übung hat Ihnen am besten gefallen?

   _____

   _____

3. Welche Übung hat Ihnen gar nicht gefallen?

   _____

   _____

4. Was vermissen Sie?

   _____

   _____

5. Wie sind Sie auf dieses Buch gestoßen?

   Ich sah es in der Buchhandlung

   Auf Empfehlung von KollegInnen

   Es war Lektüre in der Fortbildung

   Es wurde mir geschenkt

   Sonstiges

6. Würden Sie dieses Buch weiterempfehlen?

   Ja, weil _____

   _____

   Nein, weil _____

   _____

7. Fehlen noch weitere Übungsbeispiele?

Ja

Nein

Wenn ja, zu welchen Kapiteln?

_____

8. Interessieren Sie sich für weitere Veröffentlichungen der Autoren?

Ja

Nein

Wenn nein, warum nicht?

_____

9. Interessieren Sie sich für Seminare/Fortbildungsveranstaltungen der Autoren in Ihrer Schule/Einrichtung?

Nein

Ja

Bitte tragen Sie hier Ihre Adresse ein.

Name: _____

Vorname: _____

Straße: _____

PLZ, Ort: _____

Beruf: _____

Dr. Karl Liebrich
Piracher Straße 5
83119 Frabertsham/Chiemgau
Telefon (0 86 24) 15 72

Helga Schubert
Birkenstraße 14
84555 Jettenbach
Telefon (0 86 38) 7 24 85